Aaron Brückner
Sei der CEO deines Lebens!

Aaron Brückner

Sei der CEO deines Lebens!

33 wirksame Business-Tools, die dich im Leben erfolgreich machen

Externe Links wurden bis zum Zeitpunkt der Drucklegung des Buches geprüft.
Auf etwaige Änderungen zu einem späteren Zeitpunkt hat der Verlag keinen Einfluss.
Eine Haftung des Verlags ist daher ausgeschlossen.

Bibliografische Information der Deutschen Nationalbibliothek

Die Deutsche Nationalbibliothek verzeichnet diese Publikation
in der Deutschen Nationalbibliografie; detaillierte bibliografische Daten
sind im Internet über http://dnb.d-nb.de abrufbar.

ISBN 978-3-86936-907-5

Lektorat: Ulrike Hollmann, Hambergen
Umschlaggestaltung: Martin Zech Design, Bremen | www.martinzech.de
Titelbild: kolotuschenko / iStock
Autorenfoto: Simon Gincberg
Satz und Layout: Das Herstellungsbüro, Hamburg | www.buch-herstellungsbuero.de
Druck und Bindung: Salzland Druck, Staßfurt

© 2019 GABAL Verlag GmbH, Offenbach

Printed in Germany

www.gabal-verlag.de
www.facebook.com/Gabalbuecher
www.twitter.com/gabalbuecher

Inhalt

Für Mami und Papi –
was wäre ich ohne euch?

Vorwort

Gravelotte ist ein beschauliches Örtchen und liegt in der südafrikanischen Provinz Limpopo nahe des Kruger-Nationalparks im Osten des Landes. Vom Flughafen in Johannesburg erreicht man es nach einer fünfstündigen Autofahrt. Die abgelegene Region im afrikanischen »Busch« ist bekannt für ihre »Big Five« und die zahlreichen Safari-Farmen mit ihren familiär geführten Lodges. Auch Benjamins Familie bewirtschaftet über 30 000 Hektar Land und bietet ihren Gästen unbeschreibliche Einblicke in die afrikanische Artenvielfalt und die Lebenskultur der Buren: den Blick vom Pool über die paradiesische Weite des Landes bei Sonnenuntergang und einem Glas Wein, das tägliche Braai (Afrikaans für Grillen) als zelebriertes Familienfest oder die auf dem Gelände frei laufenden Giraffen, Zebras oder Nashörner, denen spontan zu begegnen ein Europäer schnell als selbstverständlich hinnehmen sollte. So saß ich zum Beispiel eines Tages im Wohnzimmer, als plötzlich ein Gnu hereinspazierte und mich mit seinem erwartungsvollen Blick überforderte.

Unabhängig vom Business seiner Eltern etablierte Benjamin als einer der bestausgebildeten Helikopterpiloten Südafrikas mit einem Tierarzt als Geschäftspartner ein eigenes Unternehmen: Sie stellten für die zahlreichen Safari-Farmen die medizinische Versorgung der Wildtiere sicher, züchteten zudem seltene Antilopen und setzten sich für die vom Aussterben bedrohten Nashörner ein. Ein typischer Auftrag für einen Montagmorgen: 4:30 Uhr Abfahrt zum Hubschrauberlandeplatz, auftanken, bei Sonnenaufgang zu einer benachbarten Farm fliegen, ein Nashorn auf mehreren Tausend Hektar ausfindig machen, gezielt vom Helikopter aus betäuben, für einen sicheren Transport zu einer anderen Farm sorgen und nach Hause fliegen, um endlich wieder Braai zu veranstalten – was für ein Leben!

Ein Helikopterpilot im afrikanischen Busch hat ein anspruchsvolles Aufgabenprofil. Kein Auftrag gleicht dem anderen und während der Verfolgung eines Tieres verbringt der Pilot die meiste Flugzeit in der sog. »Deadman's Curve« – eine Kombination aus geringer Fluggeschwindigkeit und niedriger Höhe, bei der eine sichere Steuerung kaum möglich ist. Benjamin beherrschte es wie kein anderer, die Wildtiere zu verstehen und ihr Verhalten zu antizipieren. »The sky is the limit« gilt für die meisten Menschen, aber für jemanden, der das Fliegen so liebt wie Benjamin, ist der Himmel das Zuhause.

Das unternehmerische Gespür hatte er von seinem Vater geerbt – eine Karriere im Konzern war für Benjamin so unvorstellbar wie für mich, mit einem Löwen im Kinderzimmer aufzuwachsen. Immer wieder erzählte er mir davon, wie er die Aussicht genießend auf seiner Terrasse saß und an neuen Geschäftsideen feilte. Sein Erfolgsrezept: die ihm zur Verfügung stehenden Ressourcen nutzen und seine Fähigkeiten in Szene setzen. Die Lust auf ein bedingungslos leidenschaftliches Leben verging ihm selbst dann nicht, wenn es mit der Erfüllung eines Traumes mal nicht so rundlief: Eines Tages platzte ein großer Werbevertrag für eine Helikoptershow in Kapstadt und die Arbeit von mehreren Monaten war umsonst. Er hatte sich so darauf gefreut, sein Können dort zu zeigen, wo wir von November 2011 bis Januar 2012 die beste Zeit unseres Lebens verbracht hatten. Trotzdem: Benjamin setzte sich einfach wieder auf seine Terrasse und schmiedete einen neuen Plan. Schließlich gesellte sich zum beruflichen Erfolg privates Glück, denn Benjamin heiratete Susan und wurde mit 30 Jahren am 6. Juni 2015 Vater vom kleinen Elih.

Am 28. September 2016 flog er zu einer Farm, um deren Wildtierbestand aus der Luft zu zählen. Anschließend tankte er auf und begab sich mit einem Bekannten auf den Rückflug. Routine. Doch kurz nach dem Start ertönte ein Alarm im Cockpit – irgendetwas stimmte mit dem Motor nicht. Plötzlich verlor der Helikopter an Höhe. Mit all seiner Erfahrung blieb Benjamin ruhig und versuchte notzulanden. Allerdings war die Gegend voller Bäume und damit für eine Notlandung ungeeignet – sein Plan ging nicht auf. Der Helikopter stürzte ab und schlug heftig in einem Flussbett auf. Sein Bekannter kletterte im letzten Moment noch schwer verletzt aus dem Wrack. Benjamin schaffte es nicht mehr. Der Helikopter ging in Flammen auf und brannte vollständig aus.

Am 28. September 2016 wurde Benjamin grausam aus seinem Leben gerissen. Er hinterließ seine Frau Susan, den kleinen Elih und Jordan – neun Tage zuvor war er das zweite Mal Vater geworden.

Mit diesem Buch möchte ich dir dabei helfen, deine Lebenszeit wertzuschätzen und zu nutzen. Ich möchte dir dabei helfen, deine Fähigkeiten zu entdecken und zu dem zu stehen, was die DNA deiner Persönlichkeit ausmacht. Ich möchte dir dabei helfen, dein Potential zu entfalten und schöpferische Lebensqualität zu gewinnen, um aus deinem Leben dein wichtigstes Projekt zu machen. Ich wünsche dir, dass du dich auf »deine Terrasse« setzt und lernst, den Blick zu genießen. Ich wünsche dir, dass du deine Träume jagst, auch wenn es mal nicht so rundläuft. Ich wünsche dir von Herzen, dass du an Ideen feilst und Pläne schmiedest, bevor es zu spät ist.

Ek mis jou broer. Vlieg hoog. God seën jou.
(Ich vermisse dich, Bruder. Flieg hoch hinaus. Gott segne dich.)

1. EINSTIEG

Thank God it's today

Thank God it's friday! Über 30 Millionen Posts lassen sich unter dem Hashtag TGIF bei Instagram finden. Sie sind Ausdruck der psychologischen Erkenntnis, dass Menschen am Wochenende glücklicher sind – unabhängig davon, wie zufrieden sie mit ihrem Job sind. Richard Ryan, ein amerikanischer Psychologieprofessor, fand heraus, dass sich Menschen geistig und körperlich besser fühlen, wenn sie am Wochenende ihre Bedürfnisse nach Autonomie, Kompetenz und sozialer Verbundenheit verwirklichen können. Der Umkehrschluss des Dauerbrenner-Posts entlarvt das weitverbreitete Schicksal der Menschen: Sie sind zum Wochenende berufen.

Wie sollen wir ein erfülltes Leben führen, wenn im schlimmsten Fall fünf von sieben Tagen der Woche in die Kategorie »Unglück« fallen? Die Mienen in der morgens überfüllten Straßenbahn oder die montägliche Katerstimmung im Büro kann jeder nachempfinden, der seinen Körper schon einmal zwingen musste, sich zur Arbeit zu schleppen. Und nur weil wir am Wochenende »glücklicher« sind, heißt das noch lange nicht, dass wir glücklich sind. Könnte es sein, dass wir uns besser fühlen, weil die Arbeitswoche vorüber ist, und nicht, weil uns das Wochenende erfüllt? Wo manch einer das Leben verneint und die zwei Tage verschläft, flieht ein anderer in private Verpflichtungen, um die verlorenen fünf Tage »wiedergutzumachen«, und kommt gefühlt zu nichts. Schon am Samstagabend denken die meisten von uns wieder an Montag und der Stresslevel steigt – wenn montags der Wecker klingelt, beginnt alles wieder von vorne. Die Uhr tickt erbarmungslos und die Lebenszeit zerrinnt ein ums andre Mal wie Sand zwischen den Fingern. Auch wenn es gesellschaftlich akzeptiert ist: Wie oft sind wir ins Wochenende schon geradezu geflüchtet?

Abends voll, morgens leer – wenn wir unser Lebensgefühl nicht mit einer oberflächlichen Gleichförmigkeit des Alltags betäuben, sondern stattdessen die Stille des Alleinseins aushalten, werden wir früher oder später unsere Neugierde wahrnehmen: Wer bin ich? Was will ich? Warum bin ich eigentlich hier? Das Bedürfnis nach Sinn, die Hoffnung auf Entfaltung und die Lust am Entdecken sind tief in jedem von uns verankert. Wir sind aufgerufen, nicht zwei, sondern sieben Tage die Woche zu leben. Wir sind aufgerufen, die Tage nicht zu zählen, sondern sie zu etwas zu machen, was zählt. Wir sind aufgerufen, nicht etwas von Beruf, sondern zu etwas berufen zu sein – wir wollen sagen können: Thank God it's today!

Weil die Umsetzung zählt

Vielleicht geht es dir wie mir. Das erste Buch, das ich zur Entwicklung meiner Persönlichkeit las, werde ich nie vergessen. Ein neues Kapitel meines Lebens hatte begonnen, und die Zeit davor wirkte auf mich, als wenn ich mit geschlossenen Augen durchs Leben gelaufen wäre. Es folgten zahlreiche weitere Bücher bekannter und unbekannter Autoren, deren Inhalte auf fruchtbaren Boden fielen – es gibt so viel im Leben zu entdecken! Allein bei Amazon lassen sich zu den Themen Persönlichkeitsentwicklung und Lebensführung über 50 000 Buchtitel finden – das Rad muss bekanntlich nicht neu erfunden werden.

Welche Frage meistens nicht beantwortet wird

Als ich eines Tages ein weiteres dieser Bücher zu Ende gelesen hatte, kam es, wie es kommen musste: Zwar war die Lektüre leicht und die Inhalte waren sorgfältig aufbereitet gewesen, doch mir wurde bewusst, dass ich alles so oder so ähnlich schon einmal gelesen hatte. Das frustrierte mich. Und doch kam ich auf die Idee, selbst auch noch ein weiteres Buch zur Persönlichkeitsentwicklung zu schreiben. War das eine gute Idee? Gute Frage!

Es gibt ein Meer an Ratgebern. Verstehe es bitte nicht falsch: Das ist gut so! Jedes der 50 000 Bücher bei Amazon bewegt etwas im Inneren seines Lesers und hilft, Mut und Orientierung zu finden. Allerdings gibt es ein Problem: In der Stärke vieler Ratgeber liegt gleichzeitig ihre Schwäche, denn sie stellen uns zwar die richtigen Fragen, lassen uns aber auf der Suche nach Antworten allein.

Je mehr Bücher ich über persönliches Wachstum las, desto stärker beschäftigte mich diese Beobachtung. Viele Ratgeber erklärten mir, *was* ich machen sollte, aber nicht, *wie* das geht. Und ganz ehrlich: Mittlerweile weiß (fast) jeder von uns, was er zu tun hat: Leidenschaft entdecken, Berufung finden und Träume verwirklichen – das haben wir schon tausendmal gehört. Aber zu wissen reicht nicht, wir müssen auch konkret handeln (können). Das ist wie mit dem Fitnessstudio: Es bringt nichts, wenn uns jemand an der Rezeption erzählt, welche Übungen wir machen sollten. Erst wenn uns ein Trainer zeigt, wie wir die Übungen richtig ausführen, bringt uns der Besuch im Fitnessstudio weiter.

Jeder sagt uns, was wir tun sollen – Leidenschaft entdecken, Berufung finden und Träume verwirklichen –, aber kaum einer erklärt uns, wie das konkret geht.

Wie die Idee für dieses Buch entstand

Ein Unternehmensberater wird dafür entlohnt, geschäftsrelevante Probleme strukturiert zu lösen und betriebswirtschaftliche Fragen seiner Kunden zu beantworten, egal ob es darum geht, Produktinnovationen zu schaffen, einen Wettbewerbsvorteil durch schlanke Prozesse in der Produktion zu gewinnen oder die Wachstumsstrategie für die nächsten zehn Jahre zu entwickeln. Dabei mangelt es den Kunden zumeist nicht an intelligenten Ideen oder talentierten Teams, sondern an a) den richtigen Werkzeugen und b) der nötigen Struktur beim Bewältigen der Herausforderungen.

Während Unternehmen um die Nachfrage am Markt kämpfen, ringen wir Menschen mit dem, was uns das Leben anbietet. Irgendwann fiel mir auf, dass sich Unternehmen dabei dieselben Fragen stellen wie wir. Dafür möchte ich dir drei Beispiele geben:

1. Vor ein paar Jahren durfte ich die Tochterfirma eines deutschen Medienkonzerns dabei begleiten, ihr Alleinstellungsmerkmal im Strategieprozess herauszuarbeiten – die Führungsmannschaft war sich hinsichtlich strategischer Entscheidungen uneinig und wollte sich darauf besinnen, was sie im Wettbewerb unterscheidet. Wollen nicht auch wir wissen, was uns von anderen Menschen unterscheidet, oder wollen wir so sein wie alle anderen?
2. In einem Projekt begleitete ich einen krisengebeutelten Automobilzulieferer dabei, ein innovatives Belichtungssystem auf den Markt zu bringen. Der wirtschaftliche Handlungsdruck war hoch, und die Entscheidungsträger wussten, dass der Schritt nach vorne alternativlos war. Wollen nicht auch wir innovativ wachsen oder wollen wir in den nächsten Jahren auf der Stelle treten?
3. Ein anderer Auftrag erreichte mich, weil der Junior des plötzlich verstorbenen Patriarchen eine Vision für die nächste Generation des Familienunternehmens entwickeln wollte. Wollen nicht auch wir eine Vision für unser Leben entwickeln oder wollen wir uns das ganze Leben lang nur aufs Wochenende freuen?

Die Idee zu diesem Buch war geboren: Wenn wir uns dieselben Fragen wie Unternehmen stellen, dann können wir auch dieselben Tools und Techniken benutzen, um sie zu beantworten. Aus diesem Grund begann ich, die Problemlösungskompetenz und das methodische Repertoire von Unternehmensberatern und Managern auf persönliche Fragestellungen meines Lebens zu übertragen. Mein Leitsatz: Mehr Struktur beim Umgang mit einem Problem führt zu mehr Qualität bei der Lösung.

Wenn wir uns dieselben Fragen wie Unternehmen stellen, dann können wir auch dieselben Tools und Techniken benutzen, um sie zu beantworten.

Welches Ziel dieses Buch verfolgt

Weil uns viele sagen, was wir machen sollen, aber nur wenige, wie das konkret geht, habe ich mir zum Ziel gesetzt, dass du mithilfe dieses Buches nicht nur weißt, *was* zu tun ist, sondern auch, *wie* es zu tun ist. Im Fokus stehen hier fünf persönliche Fragestellungen, die wir konkret beantworten und die im nächsten Kapitelabschnitt detailliert erläutert werden:

- **Wie geht es mir?** Wir stellen unser Leben auf den Prüfstand.
- **Was kann ich?** Wir entdecken unseren roten Faden.
- **Wohin will ich?** Wir lauschen unserer inneren Stimme.
- **Was will ich?** Wir lernen, bessere Entscheidungen zu treffen.
- **Wie komme ich dahin?** Wir trainieren, uns Ziele zu setzen und ins Tun zu kommen.

Um diese Fragestellungen zu beantworten, übertragen wir Erfolgsrezepte aus der Wirtschaft auf das private Leben und wenden Tools und Techniken für unseren persönlichen Fortschritt an, die aus dem Handlungsrepertoire von Beratern, Managern und Unternehmern seit Jahrzehnten nicht mehr wegzudenken sind.

> **So wie Unternehmen unter Leitung ihres CEO ihr wirtschaftliches Potential ausschöpfen, können wir als CEO unseres Lebens lernen, unsere eigenen Potentiale zu nutzen.**

Wie dieses Buch »funktioniert«

Als ich feststellte, dass sich das methodische Repertoire von Beratern, Managern und Unternehmern auf unser Leben übertragen lässt, begann ich mir einen Überblick über sämtliche Tools und Techniken zu verschaffen. Aus einem Fundus von rund 180 Berater-Werkzeugen[1] für Consulting-, Projekt- oder Workshop-Situationen konnte ich 33 Tools herausfiltern, die bei persönlichen Anliegen und privaten

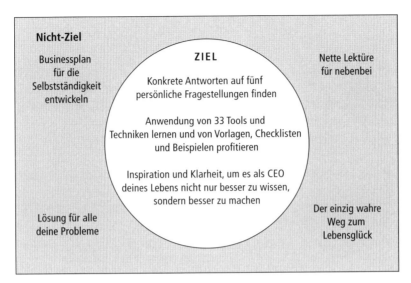

Abb. 1: Ziele & Nicht-Ziele

Baustellen Mehrwert bieten. Die Werkzeuge wurden von den klügsten Köpfen entwickelt und sind in der Praxis von Unternehmen und Unternehmensberatern seit Jahrzehnten etabliert – beispielsweise wurde das Konzept der Wertschöpfungskette vom berühmten Managementtheoretiker Michael Porter entwickelt und mithilfe der Blue-Ocean-Strategie wurde der Grundstein für die Erfolgsgeschichte der beliebten Nintendo-Spielkonsole Wii gelegt.

Jedoch ist dieses Buch mehr als ein Kompendium an Werkzeugen zur Selbstreflexion. Als Unternehmensberater weiß ich um die Bedeutung von sinnvoll aufeinander aufbauenden Projektphasen. Deswegen basiert die Beantwortung der fünf persönlichen Fragestellungen auf einem universell strukturierten Problemlösungsansatz. Er ist in der folgenden Abbildung dargestellt und verknüpft eher analytische Ansätze aus der Welt der Managementberatung mit philosophischen Elementen aus der Welt der Psychoanalyse und des Coachings.

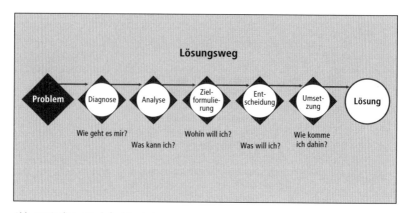

Abb. 2: Wie dieses Buch funktioniert

Das Ziel ist, dass wir uns in fünf Schritten von einem problematischen Zustand befreien und einen Lösungsweg finden, um einen »gelösten« Zustand zu erreichen: die Kompetenz als CEO unseres Lebens. Auf diesem Weg dient dir dieses Buch als Begleiter. Unterwegs bietet es dir ein ausgewähltes Methodenset, inspirierende Geschichten und praktikable Reflexionsübungen an.

Die fünf persönlichen Fragestellungen auf einen Blick

Wie geht es mir?

Dieses Kapitel widmet sich der Bestandsaufnahme unseres Lebens – eine Vorgehensweise, die uns aus anderen Lebensbereichen vertraut ist: Der Arzt führt eine Anamnese durch, der Unternehmensberater beginnt das Projekt mit einer Ist-Analyse und beim TÜV wird der Pkw regelmäßig auf Herz und Nieren geprüft – warum behandeln wir unser eigenes Leben eigentlich nicht mit derselben Sorgfalt wie unser Auto?

Ein kluger Mann soll einmal gesagt haben: Wenn du nicht weißt, woher du kommst, kannst du auch nicht wissen, wohin du gehst. Deswegen stellen ein strategischer »Sehtest« und die Analyse deiner

Produktivität die Ausgangslage auf den Prüfstand. Die Adaption der BCG(Boston Consulting Group)-Matrix als berühmteste Matrix der Wirtschaftswelt und die Anwendung der Stakeholder-Analyse vervollständigen die Bestandsaufnahme.

Was kann ich?

Ganz im Precht'schen Sinne: »Wer bin ich – und wenn ja, wie viele«, geht es in diesem Kapitel darum, die DNA unserer Persönlichkeit zu entschlüsseln: Was bin ich? Was kann ich? Was sind meine Stärken? Was habe ich zu geben? Was macht mir Spaß? Dass »Selbstbewusstsein« sich von »sich seiner selbst bewusst sein« ableitet, wusste wohl schon der chinesische Militärstratege und Philosoph Sun Tzu (544–496 v. Chr.), wenn er uns in seinem Buch *Die Kunst des Krieges*, das als erstes Buch über Strategie gilt, dazu aufruft, sich der eigenen Stärken und Schwächen bewusst zu werden. »Wenn du den Feind und dich selbst kennst, brauchst du den Ausgang von hundert Schlachten nicht zu fürchten. Wenn du dich selbst kennst, doch nicht den Feind, wirst du für jeden Sieg, den du erringst, eine Niederlage erleiden. Wenn du weder den Feind noch dich selbst kennst, wirst du in jeder Schlacht unterliegen.«

Inspiriert durch eine Rede von Steve Jobs begeben wir uns auf eine Entdeckungsreise nach innen, um den roten Faden unseres Lebens zu finden: Der rote Faden ist ein Produkt unserer Vergangenheit und basiert auf den unzähligen Erfahrungen, die uns über Jahre zu dem Menschen gemacht haben, der wir heute sind. Jede Erfahrung sagt etwas über uns aus, und besonders prägende Muster ziehen sich nicht nur wie ein roter Faden durch unser Leben, sondern enthalten wertvolle Informationen über den Kern unserer Persönlichkeit.

Wohin will ich?

Bekanntlich ist ein Schiff im Hafen sicher, doch zum Ankern wurde es nicht gebaut. Unseren persönlichen Kompass neu zu kalibrieren und ein visionäres Zielbild davon zu entwerfen, wer wir sein möchten, markiert einen Meilenstein auf unserem Weg der persönlichen Weiterentwicklung. Neu ist das natürlich nicht, denn schon vor

2000 Jahren wusste Seneca: »Wer den Hafen nicht kennt, in den er segeln will, für den ist kein Wind ein günstiger.«

In diesem Kapitel lauschen wir unserer inneren Stimme, die schon Steven Spielberg dazu inspirierte, Filmregisseur zu werden. Wir werfen einen Blick auf unser Lebensradar und entdecken die roten und blauen Ozeane der Blue-Ocean-Strategie. Wer sich beruflich verändern möchte, wird anschließend mithilfe der Ansoff-Matrix zur Entwicklung von persönlichen Wachstumsstrategien unterstützt.

Was will ich?

Entscheidungen durchdringen unser Leben wie Faszien unseren Körper. Faszien verkleben mit der Zeit und erschweren die Bewegung, wenn sie nicht trainiert werden. Auch das Entscheiden kann man trainieren. Es ist wichtig, gute Entscheidungen zu treffen – bessere als jene, die zu unserer aktuellen Lage geführt haben. Aber wie treffen wir bessere Entscheidungen?

Im Unterschied zu den restlichen Kapiteln bauen hier die vorgestellten Tools und Techniken nicht unmittelbar aufeinander auf – dem persönlichen Geschmack bietet sich hier also genügend Raum zum Experimentieren. Zur besseren Orientierung lässt sich das Kapitel in vier reflektierende und vier optische Entscheidungstechniken unterteilen – die persönliche Präferenz, ob jemand einen Sachverhalt lieber durchdenkt oder mit Unterstützung einer grafischen Darstellung erfasst, ist eine Frage des Typs.

Wie komme ich dahin?

Auf die Frage nach ihren Zielen winken viele ab und entgegnen eifrig, dass sich das Leben nicht planen lasse. Das stimmt natürlich. Gleichwohl ähnelt diese Reaktion der eines Fußballtrainers, der seine Mannschaft ohne Saisonziel trainiert, weil im Fußballspiel unvorhersehbare Dinge passieren können. Der Sinn eines Ziels ist es nicht, dem Leben die Überraschungen zu rauben, sondern auf Überraschungen im Leben vorbereitet zu sein.

Wer in diesem Kapitel sein Leben für einen kurzen Augenblick durch die Brille des Projektmanagements betrachtet, der profitiert von Tools und Techniken, um von A nach B zu kommen. Hier eignen wir uns das notwendige Rüstzeug an, um unsere Ziele zu erreichen und auftretende Krisen zu meistern.

Wenn du die fünf Kapitel sorgfältig durcharbeitest, wirst du lernen, wie du …

… in 15 Lebensbereichen dein Potential analysierst,
… das Prinzip der Produktivität in deinen Alltag integrierst,
… zwischenmenschliche Beziehungen auf den Prüfstand stellst,
… den roten Faden deines Lebens erkennst und formulierst,
… deinen Horizont erweiterst, um nicht betriebs- bzw. lebensblind zu sein,
… Träume in deinem Leben definierst,
… den Spielraum für berufliche Veränderungen erweiterst,
… kleine und große Entscheidungen des Lebens triffst,
… Ziele formulierst, setzt und erreichst,
… aus Steinen (Problemen) etwas Schönes (Lösungen) baust,
… Verschwendung vermeidest.

Missverständnissen vorbeugen

Damit du weißt, was auf dich zukommt und wie das Buch seine Wirksamkeit entfalten kann, klären wir im Folgenden die häufigsten Missverständnisse:

Ich habe mit BWL nichts am Hut und halte von Unternehmensberatern nicht viel. Macht das Buch für mich dann Sinn?

Ja, denn zu keinem Zeitpunkt geht es darum, wirtschaftliche Konzepte oder berufliche Phänomene in ihrer ganzen Bandbreite vorzustellen. Im Fokus stehen allein ihre methodische Essenz und der Brückenschlag aus der Unternehmenspraxis in das private Leben. Durch dieses Buch lernen wir den Werkzeugkasten von Unternehmensberatern kennen, um von ihrer Arbeitsweise zu profitieren. Diese ist durch ein strukturiertes Vorgehen, kritisches Hinterfragen und sorgfältige Analysen gekennzeichnet – natürlich ist das für den einen oder anderen gewöhnungsbedürftig. Aber unter dem Strich wird uns das helfen, die fünf persönlichen Fragestellungen zu beantworten. Unterwegs solltest du dich von der betriebswirtschaftlichen Tönung des Vokabulars nicht abschrecken lassen, wie zum Beispiel Produktivität, Wertschöpfung, Produktlebenszyklus oder CEO.

Apropos CEO, was heißt das eigentlich? Was macht er und was bedeutet das für mich?
CEO ist die Abkürzung für Chief Executive Officer, kommt aus dem angelsächsischen Raum und bezeichnet den Vorstandsvorsitzenden oder ein geschäftsführendes Vorstandsmitglied eines Unternehmens. Er bestimmt die strategische Richtung eines Unternehmens; eine Aufgabe also, die sich auf unser Unternehmen »Leben« übertragen lässt.

➡ Ein CEO verantwortet die strategische Ausrichtung – wer, wenn nicht wir selbst, sollte die Ausrichtung und die Inhalte unseres Lebens verantworten?

➡ Ein CEO ist die höchste Entscheidungsinstanz – auch wenn ein CEO von Führungskräften und Beratern unterstützt und von unvorhersehbaren Bedingungen am Markt beeinflusst wird, trifft am Ende er die Entscheidung.

➡ Ein CEO trägt die Gesamtverantwortung – ob das Unternehmen am Jahresende einen Gewinn oder Verlust verzeichnet, es ist der CEO, der den Jahresabschluss unterzeichnet und die Konsequenzen zu tragen hat. Erst wenn uns bewusst wird, dass wir die Gesamtverantwortung für unser Leben tragen, können wir etwas verändern.

Mit anderen Worten: Der CEO ist der Chef – und wir sind der Chef unseres Lebens. Als Chef entwerfen wir eine Lebensstrategie, entscheiden, ob wir nach links oder rechts gehen, und suchen am Ende keinen Schuldigen, sondern stehen zu unseren Entscheidungen.

Ich habe mir schon einmal Gedanken über meine Leidenschaft(en) gemacht, wobei mir nichts eingefallen ist. Muss ich Angst haben, dass es hier genauso sein wird?

Nein, denn das gesamte Buch ist wie ein persönliches Beratungsprojekt aufgebaut. Zu einem Projekt gehört ein Projektleiter wie ein Geschäftsführer zu einem Geschäft. Und ein guter Projektleiter zeichnet sich vor allem durch seine Erfahrung und sein methodisches Knowhow aus, um auch in turbulenten Phasen einen kühlen Kopf zu bewahren. Der Aufbau des Buchs ist dein Projektleiter und stellt sicher, dass du die richtigen Tätigkeiten in der richtigen Reihenfolge durchführst und erst dann zum nächsten Projektschritt übergehst, wenn der richtige Zeitpunkt gekommen ist. Fazit: Zwar nimmt dir diese Struktur die Arbeit nicht ab, aber sie macht es dir um einiges leichter, an persönlichen Fragestellungen zu arbeiten.

Ich habe schon viele Meetings und Workshops erlebt, bei denen nichts rausgekommen ist. Wird das hier auch so sein?

Diese Erfahrung kennt wahrscheinlich jeder von uns – den meisten Meetings und Workshops im Job mangelt es leider an Struktur, Klarheit und Ergebnisorientierung. Das ist hier nicht der Fall und deswegen bist du hier richtig. Fast jeder Kapitelabschnitt behandelt ein Werkzeug, sodass das Buch in zeitlich machbare und inhaltlich gut zu bewältigende Einheiten aufgeteilt ist (Struktur). Mithilfe von kurzen Geschichten wird dir der betriebswirtschaftliche Hintergrund verdeutlicht, um dir einen Einblick in die Wirksamkeit der Tools und Techniken zu gewähren (Klarheit). Anschließend wird die Anwendung des Werkzeuges erläutert, wobei Reflexionsfragen, Vorlagen, Checklisten und kurze Beispiele den Transfer in dein Leben vereinfachen (Ergebnisorientierung).

Ich habe noch nie mit mir selbst gearbeitet – schaffe ich das überhaupt?

So wie wir uns als Teilnehmer eines professionell moderierten Workshops an Regeln halten, gibt es auch Regeln, um einen Workshop mit uns selbst produktiv zu gestalten. Im Folgenden habe ich die wichtigsten von ihnen für dich aufgeführt, die dich bei der Arbeit mit diesem Buch unterstützen:

- ⇒ **Lies überall dort, wo du dich konzentrieren kannst** – für den einen ist das morgens in der Bahn mit einem Coffee to go und für den anderen abends auf der Couch mit einem Glas Wein.
- ⇒ **Störungen haben Vorrang!** Hindert dich etwas daran, dich zu konzentrieren und ein Kapitel produktiv durchzuarbeiten? Kläre es, bevor du weiterliest.
- ⇒ **Halte wichtige Erkenntnisse immer visuell oder schriftlich fest** – das beste Lesezeichen ist ein Stift. Obwohl du häufig ins Buch schreiben kannst, brauchst du bei vielen Tools mehr Platz zum Schreiben. Benutze dafür separates Papier – in ein kleines Notizbüchlein könntest du die eine oder andere Reflexionsfrage, spontane Idee oder Wiederholung eines wichtigen Satzes hineinschreiben.
- ⇒ **Plane Pausen zum »Durchlüften« ein** – es geht bei der Beantwortung von persönlichen Fragestellungen nicht um Schnelligkeit, sondern um Tiefgang. Viele Reflexionsfragen sind anspruchsvoll – wenn du mal eine Woche Abstand brauchst, gönne sie dir.
- ⇒ **Versuche deine Gedanken nicht zu bewerten** – akzeptiere alles, was dir unterwegs bewusst wird, als einen wichtigen Teil des Entwicklungsprozesses. Bewerte nicht als »richtig« und »falsch« oder »gut« und »schlecht«.
- ⇒ **Sei ehrlich zu dir selbst** – dies ist der wichtigste Aspekt von allen. Schönfärberei bringt dich im Leben nicht weiter.

Wenn es so einfach wäre, diese fünf Fragen zu beantworten, hätte ich es schon lange getan.

Zum Glück behaupte ich nicht, dass es einfach sei, die fünf persönlichen Fragestellungen zu beantworten. Aber ich bin fest davon überzeugt, dass es möglich ist – es kommt schlichtweg darauf an, wie wir dabei vorgehen. Ohnehin gilt, dass unsere Antworten kein Produkt, sondern ein Prozess sind. Hier geht es nicht um das richtige Rechenergebnis, sondern um Reflexion: Wir richten unsere Aufmerksamkeit auf das, was in uns ist, und beobachten, beschreiben und analysieren es. Hier ist Geduld gefragt: Stück für Stück werden sich konkrete Antworten herauskristallisieren.

Ich habe in letzter Zeit nur noch wenig Gelegenheit zum Lesen – lohnt es sich, dann überhaupt anzufangen?

Ja, sofern dir klar ist, dass Selbsterkenntnis ohne ehrlichen Einsatz und zeitliches Investment nicht möglich ist. Mein Tipp: Wenn du der Meinung bist, dass du nicht genug Zeit hast, solltest du dir erst recht Zeit nehmen – schon Seneca wusste, dass es nicht um zu wenig Zeit geht, die wir haben, sondern um zu viel Zeit, die wir nicht nutzen. Es spielt also keine Rolle, ob es um die Zeit für Freunde, das Fitnessstudio oder diese Lektüre geht – »Zeit haben« ist immer eine persönliche Entscheidung, denn die Priorisierung liegt in unserer Hand.

In meinem Leben ändert sich doch sowieso nichts – soll ich es überhaupt wagen?

Leonardo DiCaprio berichtet im 2016 erschienenen Dokumentarfilm »Before the Flood« davon, dass manche Leute sofort abschalten, sobald sie auf Naturereignisse wie Tsunamis, Überschwemmungen, Stürme oder allgemein auf die dramatischen Veränderungen des Klimas angesprochen werden. Vielleicht entspricht es einem menschlichen Muster, auf den großen Handlungsdruck, den eine globale Herausforderung erzeugt, mit Ohnmacht zu reagieren – womit sollte man auch beginnen?! Veränderungen des Klimas und die Veränderung unserer Lebensqualität scheinen Gemeinsamkeiten zu haben: Wo auf der einen Seite der Regenwald zur kostengünstigen Produktion von Palmöl gerodet wird, liegen auf der anderen Seite die in die Wiege gelegten Potentiale brach. Der Handlungsdruck, der dadurch entsteht, dass persönliche Entfaltung zunächst Arbeit an sich selbst erfordert, ist zu groß und die Herausforderung zu komplex – wenn manche Leute nach ihrer Leidenschaft oder Berufung gefragt werden, schalten sie sofort ab, obwohl sie sich insgeheim danach sehnen, sie zu leben.

Mit anderen Worten: Ja, du solltest es unbedingt wagen. Häufig setzt uns aber unsere eigene Erwartungshaltung zu sehr unter Druck. Getrieben von Perfektionismus einerseits und Ungeduld andererseits, meinen wir, mit dem ersten Schritt sofort sichtbare Erfolge erzielen zu müssen. Dafür ist es beim Klima schon lange zu spät. Genauso unwahrscheinlich ist es, dass wir ohne weiteren Einsatz von heute auf morgen nicht mehr nur deshalb aufstehen, weil der Wecker klingelt, sondern weil wir Lust aufs Leben haben.

Dieses Buch besteht aus zahlreichen kleinen Schritten – kleine Veränderungen sind der sicherste Weg zu großen Veränderungen. Auch ein Marathon beginnt mit einem ersten Schritt. Dass sich in unserem Leben nichts verändert, stimmt übrigens nicht – unser gesamtes menschliches Dasein und die uns umgebenden Wunder der Natur befinden sich in einem ständigen Wandel. Es geht also nicht darum, dass sich etwas in unserem Leben verändert, sondern es stellt sich die Frage, ob wir bereit sind, uns selbst, unsere Einstellung, unsere Überzeugung und unser Verhalten, zu verändern.

Bevor es losgeht

Genug der langen Vorrede – in Kürze beginnst du mit der Bestandsaufnahme deines Lebens. Bevor es so weit ist, habe ich noch eine Frage an dich. Gehe kurz in dich und frage dich bitte:

Warum lese ich dieses Buch? Was erhoffe ich mir?

Notiere die Gründe, die dich motivieren, dieses Buch zu lesen. Das wird dir helfen, die bevorstehenden fünf Kapitel sorgfältig durchzuarbeiten und dich mit persönlichen Fragestellungen zu konfrontieren.

Warum ist dem so? Viele von uns scheitern an ihren guten Vorsätzen zu Beginn eines neuen Jahres. Man könnte meinen, dass die meisten von uns ein Problem damit haben, etwas durchzuhalten. Dabei ist das Geheimnis von Disziplin, Ausdauer und Beharrlichkeit schon lange gelüftet, unabhängig davon, ob es um das morgendliche Aufstehen, das regelmäßige Fitnesstraining oder das Lesen eines Buchs geht. »Hat man sein Warum des Lebens, so verträgt man sich fast mit jedem Wie«, sagte Nietzsche. Lass uns gemeinsam herausfinden, was hinter diesem »Geheimnis« steckt.

In den späten 1920er-Jahren begründete der Wiener Viktor Frankl den therapeutischen Ansatz der Logotherapie und Existenzanalyse, der im Leben des Menschen das existenzielle Streben nach Sinn als primäre Motivationskraft sieht. Demnach gibt es nichts, was uns äußere Umstände und Widerstände jeglicher Art besser überwinden lässt, als eine persönliche Mission zu verfolgen. Mit anderen Worten:

Wer etwas zu Ende bringen möchte, muss in der Aufgabe einen persönlichen Sinn erkennen.

Im Verlauf des Buches werden wir Viktor Frankl, sein Wirken als Neurologe und Psychiater und sein Überleben von vier Konzentrationslagern kennenlernen. Für den Moment reicht es aus, zu unterstreichen, welche Bedeutung unser persönliches Warum hat. Wenn wir wissen, warum wir tun, was wir tun, gewinnen Disziplin, Ausdauer und Beharrlichkeit eine ganz neue Bedeutung: Stellen wir uns auf der einen Seite eine Person vor, die mehr Sport treiben möchte, weil es bekanntlich gesund ist. Stellen wir uns auf der anderen Seite eine Person vor, die Sport treibt, weil sie erlebt hat, wie sie durch das Gefühl von körperlicher Fitness morgens leichter aufstehen, tagsüber aufmerksamer im Job sein und abends besser einschlafen kann. Der Unterschied: Die erste Person treibt Sport, weil man das so macht, die zweite Person, weil sie es will. Wer von beiden wird wohl größere Schwierigkeiten haben, sich zur nächsten Trainingseinheit zu motivieren?

Unser Warum ist das Vitamingetränk unserer Seele und repräsentiert unsere Mission. Je persönlicher wir uns mit etwas identifizieren können, desto leichter fällt es uns, mit Schwierigkeiten und Unwägbarkeiten umzugehen. Nichts motiviert uns mehr, als mit einem persönlichen Warum morgens aufzustehen oder ein Buch zu lesen.

2. DIE AUSGANGS-LAGE KENNEN-LERNEN

»Haben Sie je verbotene Substanzen zur Leistungssteigerung genommen?«
»Ja.«
»War Epo eine?«
»Ja.«
»Haben Sie auch Eigenblutdoping oder Bluttransfusion genutzt?«
»Ja.«
»Haben Sie andere verbotene Substanzen wie Testosteron, Kortison oder Wachstumshormone genommen?«
»Ja.«
»Haben Sie bei allen sieben Tour-de-France-Siegen verbotene Substanzen und Eigenblut genommen?«
»Ja.«
»Ist es überhaupt möglich, die Tour siebenmal hintereinander ohne Doping zu gewinnen?«
»Ich glaube nicht.«

Als der erfolgreichste Radsportler aller Zeiten im Januar 2013 im Beichtstuhl der Entertainment-Mutter Amerikas, Oprah Winfrey, saß, wurde endgültig klar, wie verseucht eine Sportart sein kann.[2] Die Zeit des Amerikaners, der den Krebs besiegte und anschließend die steilsten Anstiege europäischer Gebirgsketten so schnell hochfuhr, dass er in den Kurven bergauf bremsen musste, war vorbei. Nun kann man von Lance Armstrong vieles halten, aber Tatsache ist, dass niemand so gut gelogen und gleichzeitig so gut trainiert hat. Um die berühmteste Rundfahrt der Welt mehrfach zu gewinnen, gehört mehr dazu als die Einnahme von leistungssteigernden Mitteln. Das gesamte US-Postal-Team war eine kompetente, auf Perfektion getrimmte und finanziell schlagkräftige Hochleistungsmaschine, die mit einem unbändigen Siegeswillen geölt wurde und bei der Vorbereitung eines Wettkampfs nichts dem Zufall überließ.

Der Schlüssel zum Erfolg im Profisport ist nicht die Wettkampfleistung, die viel Aufmerksamkeit genießt, sondern die Trainingsleistung, bei der niemand zuschaut. Auch im Radsport ist es für ein zielführendes Training und eine effektive Wettkampfvorbereitung Voraussetzung, das Verhältnis von Puls und Leistung zu kennen. Die individuellen Leistungsbereiche, die bei jedem Menschen anders sind, werden über einen Laktat-Stufentest identifiziert, bei dem die Herzfrequenz, die Wattleistung und die Laktatkonzentration im Blut von der Grundlagen- bis zur Spitzenleistung gemessen werden.

Wer die Ausgangslage seiner körperlichen Leistungsfähigkeit nicht kennt, wird mit hoher Wahrscheinlichkeit falsch trainieren und am Wettkampftag durch die fehlende Fitness die Quittung bekommen. Dieser Zusammenhang lässt sich übertragen: Wer die Ausgangslage seiner persönlichen Lebenssituation nicht kennt, wird mit hoher Wahrscheinlichkeit die falschen Entscheidungen treffen und keine positiven Veränderungen erleben. Deshalb widmet sich dieses Kapitel der Bestandsaufnahme deines Lebens – eine Vorgehensweise, mit der wir aus anderen Lebensbereichen vertraut sind: Der Arzt führt eine Anamnese durch, der Unternehmensberater beginnt das Projekt mit einer Ist-Analyse und beim TÜV wird der Pkw regelmäßig auf Herz und Nieren geprüft. Warum behandeln wir unser eigenes Leben eigentlich nicht mit derselben Sorgfalt wie unser Auto?

Strategischer »Sehtest« für dein Leben

Zur Durchführung eines strategischen »Sehtests« bietet sich das Tool der Sechs Säulen an. Es dient zur Vorbereitung von großen Veränderungsprozessen, strategischen Neuausrichtungen oder wenn Qualität und Ankerpunkte eines Unternehmens lange nicht mehr untersucht worden sind. Mithilfe eines standardisierten Fragenkatalogs wird eine umfangreiche qualitative und quantitative Organisationsdiagnose vorgenommen. Die Grundidee basiert auf dem Qualitätsmanagement-System des Total-Quality-Managements[3], das in der japanischen Automobilindustrie von dem Amerikaner William Edwards Deming federführend entwickelt und schließlich als Erfolgsmodell etabliert wurde. Die Anzahl der zu untersuchenden Kriterien kann sich je nach Anwendungsfall unterscheiden, doch Sinn und Zweck bleiben immer gleich: Das Tool ermittelt auf Basis einer Selbstbewertung die Stärken und Verbesserungspotentiale einer Unternehmung.

Das Prinzip des Qualitätsmanagements lässt sich in Form des strategischen »Sehtests« auf unser Leben übertragen: Ein modifizierter Fragenkatalog hilft dabei, sich auf große Lebensveränderungen oder eine persönliche Neuorientierung vorzubereiten, und dient als Leitfaden, wenn Lebensqualität und Ankerpunkte eines Lebensentwurfes lange nicht mehr untersucht worden sind. Mit anderen Worten: Der strategische »Sehtest« ist das ideale Werkzeug, um sich als CEO einen groben Überblick über sein eigenes Leben zu verschaffen.

Grundgedanken verinnerlichen

Stellen wir uns für einen Augenblick vor, dass wir der Inhaber eines großen börsennotierten Familienunternehmens sind. Als Inhaber einer Aktiengesellschaft werden wir von einem Aufsichtsrat beraten und kontrolliert. Nun müssen wir in einer Sitzung die Aufsichtsratsmitglieder über den Flop eines neuen Produktes informieren, das wir vor zwei Monaten noch voller unternehmerischem Esprit als zukünftige »Cash Cow« angepriesen haben. Wie würden unsere Zuhörer reagieren, wenn wir den Kunden die Schuld für die Misere gäben? Was würden sie uns entgegnen, wenn wir den Grund beim zu geringen Budget für die Entwicklung des Produktes suchten? Wie würden sie sich verhalten, wenn wir den Schwarzen Peter den Unternehmensberatern zuschieben, die eine wettbewerbsfähige Preislage kalkuliert hatten? Die Mitglieder des Aufsichtsrates würden diese Ausreden nicht gelten lassen und uns daran erinnern, dass wir der Inhaber und Hauptverantwortliche des Unternehmens sind.

Jeder von uns kennt das: Wenn etwas in unserem Leben nicht so gelaufen ist, wie wir es uns ausgemalt haben, neigen wir dazu, die Schuld von uns zu schieben. Plötzlich sind andere Menschen, wie unsere Eltern, unser früherer Chef, eine Arbeitskollegin oder der Ex-Partner, »daran schuld«. Alternativ schieben wir den Schwarzen Peter den Umständen zu: Wir hatten zu wenig Zeit, zu wenig Geld oder zu wenig Kontakte. Das Tool der Sechs Säulen betont den Grundgedanken jeder persönlichen Weiterentwicklung: Sei dein eigener Aufsichtsrat und lasse deine Ausreden nicht gelten. Du bist der CEO deines Lebens. Übernimm die Verantwortung!

Persönliche Entwicklung beginnt damit, Verantwortung für sein Leben zu übernehmen: Du bist der CEO deines Lebens.

Die inhaltliche Schnittmenge zwischen den sechs Säulen eines Unternehmens und den sechs Säulen unseres Lebens ist groß. Gleichwohl macht es Sinn, eine begriffliche Schärfung vorzunehmen. Die nächsten sechs Abschnitte erläutern die sechs Säulen, aus denen sich später die zu bewertenden Aussagen ableiten lassen.

Unternehmenssäule	Lebenssäule
Strategie	Beruf(ung)
Prozesse	Gesundheit
Personal	Beziehungen
Führung	Fortschritt
Innovation	Kreativität
Einrichtungen	Wohlstand

Strategie und Beruf(ung)

Der etymologische Ursprung von »Strategie« liegt im griechischen »stratēgía«, der Feldherrnkunst. Der chinesische Militärstratege und Philosoph Sun Tzu (544–496 v. Chr.) verfasste *Die Kunst des Krieges*, das als erstes Buch über Strategie gilt. Ein Standardwerk der Strategieliteratur ist *Vom Kriege*, ein in der ersten Hälfte des 19. Jahrhunderts posthum veröffentlichtes Werk des preußischen Offiziers Carl von Clausewitz.

Erst in der zweiten Hälfte des 19. Jahrhunderts wurde der militärische Erfahrungsschatz auf wirtschaftliche Sachverhalte übertragen. Das kriegerische Vokabular wurde dabei gleich mitübernommen, was Ausdrücke wie »Preiskampf« oder »Übernahmeschlacht« zeigen. Als Strategie bezeichnet man hierbei die unter Berücksichtigung der Ressourcenbindung mittel- bis langfristig geplanten Verhaltensweisen eines Unternehmens zum Aufbau langfristiger Wettbewerbsvorteile und zur Sicherung der Überlebensfähigkeit.

Auch wenn für viele Menschen das Leben eher ein Kampf ist, bedeutet Strategie für uns als CEO nicht die Kunst des Krieges, sondern die Kunst der Lebensführung: Eine gute Lebensstrategie berücksichtigt unsere persönlichen Potentiale, um unser Alleinstellungsmerkmal finden und unsere private und berufliche Berufung ausleben zu können. Worauf basierte bislang die Strategie deines Lebens? Übst du einen Beruf aus oder bist du zu etwas berufen?

> **Eine gute Lebensstrategie berücksichtigt unsere persönlichen Potentiale, um unser Alleinstellungsmerkmal finden und unserer privaten und beruflichen Berufung nachgehen zu können.**

Prozesse und Gesundheit

Ein Prozess beschreibt die Umwandlung eines Inputs zu einem Output. In einem Unternehmen stellen Geschäftsprozesse die Abfolge von logisch verknüpften Einzeltätigkeiten dar, die ausgeführt werden, um durch den Einsatz von materiellen und immateriellen Gütern (Input) Kundennutzen zu stiften und ein geschäftliches Ziel zu erreichen (Output). Da die Prozesse das Innenleben des Unternehmens ausmachen, sprechen Unternehmensberater häufig von einem »Fitnesstest«, wenn die Prozesse einer Organisation auf Ressourcenverzehr, Bearbeitungszeit und Qualität überprüft werden.

Übertragen auf unseren privaten Bereich ruft diese Säule des Lebens dazu auf, unseren Gesundheitszustand zu durchleuchten. Wie steht es um dein Innenleben?

Personal und Beziehungen

Die zur Realisierung der Geschäftsprozesse eingesetzten Mitarbeiter bilden als Personal die dritte Säule eines Unternehmens. Die Herausforderung liegt darin, die für die strategische Ausrichtung und Anforderung passenden Mitarbeiter zu finden, sie mit den erforderlichen Kompetenzen auszustatten und ihnen eine berufliche Entwicklungsperspektive aufzuzeigen. Die Parallele zu unserem Leben ist nicht das hierarchische Arbeitsverhältnis zwischen Chef und Mitarbeiter, sondern das komplexe zwischenmenschliche Beziehungsgeflecht des humanen Kapitals einer Organisation. Hinter Prozessen stehen immer Personen, und die entscheiden darüber, ob ein Unternehmen nur existiert oder darüber hinaus auch erfolgreich ist.

In ähnlicher Art und Weise wirken sich unsere zwischenmenschlichen Beziehungen auf die Entwicklungen, Entscheidungen und Erfolge unseres Lebens aus. Es lohnt sich, genau hinzuschauen: Wer raubt dir Energie? Wer ist ehrlich zu dir? Wer glaubt an das, was in dir steckt, und wer nicht?

Führung und Fortschritt

»Führung kann man nicht sehen und erst recht nicht definieren – Führung kann man nur machen«, schreibt Reinhard Sprenger.[4] Die Führung eines Unternehmens besitzt ein komplexes Anforderungsprofil, und da es so viele Arten von Führung gibt wie Führungskräfte, ist es trotz vielfältiger wissenschaftlicher Bemühungen unmöglich, das richtige Führungsverständnis oder den falschen Führungsstil zu identifizieren. Auch im Rahmen einer Studie[5] wurden 160 Unternehmen zehn Jahre lang untersucht, ob die Persönlichkeitsmerkmale der Topmanager positiv mit dem langfristigen Erfolg des Unternehmens korrelieren. Laut dem Ergebnis ist es irrelevant, ob ein Chef charismatisch, visionär, selbstsicher, geduldig, bescheiden, authentisch oder detailorientiert ist. Doch die Fähigkeit, zukünftige Probleme und Chancen etwas früher als andere intuitiv zu erkennen, entpuppt sich als ein entscheidender Zusammenhang. Es gibt also keine *gute* Führung, sondern nur *erfolgreiche* Führung; und der Gradmesser für den Erfolg ist das feine Gespür für zukünftige Entwicklungen am Horizont: Erfolgreiche Führung ist Fortschritt.

Diese Erkenntnis lässt sich auch auf unser Leben übertragen, denn es sind nicht zwangsläufig unsere Persönlichkeitsmerkmale, die ausschlaggebend für eine erfolgreiche Lebensführung sind: Wir können emotional ausgeglichen, emotional schnell angreifbar, zurückgezogen, gesellig, gesprächig, in uns gekehrt, experimentierfreudig, konservativ, hilfsbereit, egozentrisch, diszipliniert oder spontan sein. Entscheidend ist der Sinn für persönlichen Fortschritt, um auf diese Weise unsere zukünftigen Potentiale, Herausforderungen und Entwicklungsmöglichkeiten früh zu erkennen. Wie fortschrittlich ist dein Führungsstil?

Innovation und Kreativität

Unternehmen sind im globalen Zeitalter gezwungen, in immer kürzeren Abständen »schöpferische Zerstörung« zu bewirken, um die von Joseph Schumpeter geprägte Begrifflichkeit für Innovation aufzugreifen. »Innovate or die«, heißt es kurzerhand, und schon Henry Ford wusste, worauf es beim Aufbau eines Imperiums ankommt: »Wenn ich die Menschen gefragt hätte, was sie brauchen, hätten sie gesagt: schnellere Pferde.« Auf der Jagd nach neuen Wettbewerbsvorteilen geht es also darum, zu sehen, was jeder gesehen hat, und dabei das zu denken, was niemand gedacht hat.

Unternehmen lassen sich immer wieder etwas Neues einfallen, um die Ideenproduktion rund um den Arbeitsplatz am Laufen zu halten: Mittlerweile sind Fitnessstudios, Kicker-Tische und Videospiele in den Unternehmensräumen fest etabliert, Firmen wie Google und 3M fordern ihre Mitarbeiter auf, bis zu 20 Prozent der Arbeitszeit für neue Ideen und eigene Projekte aufzuwenden (das berühmte Post-it ist so entstanden), oder es werden Produktideen der Angestellten regelmäßig vor einer internen Jury vorgestellt, wobei dem Gewinner eine großzügige Belohnung winkt. Die Liste ließe sich mit zahlreichen Beispielen fortsetzen. Unternehmenslenker wissen, dass die Fähigkeit zur Innovation ihr Schicksal bestimmt.

Was bedeutet das für uns? Auch wenn der Mensch keine Produktneuheiten erfinden und vertreiben muss, um Mensch zu sein, ist der kreative Ausdruck Teil unserer Natur und wirkt sich auf den Verlauf und die Qualität unseres Lebens aus. Was ist unsere kreative Ausdrucksform? Töpfern? Fotografieren? Dichten? Tanzen? Schauspielern? Kurze oder lange Geschichten schreiben? Witze erzählen? Regie führen? Zeichnen? Reden? Handwerkeln? Musizieren? Viele Menschen sind leider der Überzeugung, dass sie nicht kreativ sind. Sie vergessen dabei, dass kreativ sein nichts anderes heißt, als eigene Wege zu gehen, aus sich selbst zu schöpfen. Und eigene Wege lassen sich überall finden – auch in der Verwaltung oder im Steuerrecht.

Dazu eine kleine Anekdote: Ich erinnere mich noch gut an die Steuerrechtsseminare während meines Studiums. Der Professor war ein mit allen Wassern gewaschener Rechtsanwalt, der uns mit Hochgeschwindigkeit die Grundlagen zur Besteuerung von Unternehmen lehrte. In einem Moment, in dem sich kollektive Ahnungslosigkeit breitmachte und auch der Intelligenteste den Anschluss verlor, äußerte ein Student seinen Unmut über dieses »trockene Thema«. Er fragte den Professor, wie er es schaffe, sich die ganze Zeit mit Steuern zu beschäftigen. Der Professor machte große Augen und entgegnete ihm: »Für mich gibt es nichts Kreativeres. Ich muss immer wieder nach neuen Lösungen suchen, um meinen Klienten dabei zu helfen, Steuern zu sparen.«

Kreativität fließt in jedem von uns. Die Entscheidung, ob wir uns für unsere schöpferische Ader schämen oder ihr Ausdruck verleihen, liegt bei uns. Wobei fällt es dir leicht, ausgetretene Pfade zu verlassen? Wann bist du in der Lage, aus dir heraus etwas Eigenes zu schaffen?

Einrichtungen und Wohlstand

Mit der sechsten Säule evaluierst du den Zustand der Gebäude, Einrichtungen und Materialien, die im Unternehmen eingesetzt werden. Beispielsweise spielt in der Fertigungsindustrie die Sicherheit am Arbeitsplatz eine bedeutende Rolle. Auch in administrativen Geschäftsbereichen unterscheiden sich IT-Systeme, Software-Pakete, Arbeitsmaterialien und die Konnektivität (in Form von Smartphones, Tablets & Co.) hinsichtlich ihrer Qualität und Zuverlässigkeit. Der Mitarbeiter ist auf ein sicheres, funktionierendes und zeitgemäßes Arbeitsumfeld angewiesen.

Ähnliches gilt für dein Leben, denn es ist nicht zu bestreiten, dass materielle Besitztümer und finanzielle Angelegenheiten eine zentrale Rolle spielen und Einfluss auf die Qualität unseres Lebens haben. Die sechs Säulen berücksichtigen also nicht nur »tiefe« Themen, wie unsere berufliche Verwirklichung, zwischenmenschliche Beziehungen oder kreative Ausdrucksformen, sondern kratzen ganz bewusst auch an den oberflächlichen Erscheinungsformen unseres Lebens: Wofür gibst du am meisten Geld aus? Was wolltest du dir schon immer einmal gönnen? Wann hast du das letzte Mal ausgemistet?

Sechs Säulen bewerten

Der erste Schritt ist die Bewertung der erläuterten Säulen (Beruf[ung], Gesundheit, Beziehungen, Fortschritt, Kreativität, Wohlstand). Jede Säule teilt sich in sieben Aussagen auf, zu denen eine Einschätzung abgegeben wird. Auf der einen Seite geht es um die Bedeutung der Aussage in deinem Leben: »Wie wichtig ist mir dieser Aspekt im Allgemeinen?« Auf der anderen Seite geht es um die tatsächliche Ausprägung in deinem Leben: »Wie stark setze ich diesen Aspekt um? Wie stark prägt sich diese Aussage in meinem Leben aus?« An diesem Punkt arbeiten wir mit der Likert-Skala, sodass jeweils nur eine gerade Anzahl an Optionen zur Auswahl steht und du gezwungen bist, in die eine oder andere Richtung Stellung zu beziehen. Das ist nicht immer leicht, aber wirksam.

Beispiel:
A16: Ich gebe, bevor ich nehme – ich erwarte keine Gegenleistung.
1. Frage: Wie wichtig ist es mir allgemein, dass Menschen geben, bevor sie nehmen? Antwort: Es ist mir wichtig, aber nicht so wichtig wie andere Aussagen. Wert = 3
2. Frage: Wie stark ist dieses Prinzip in meinem Leben ausgeprägt? Wie gut setze ich das um? Antwort: Darüber habe ich mir noch nie wirklich Gedanken gemacht. Wenn ich an manche Situationen denke, muss ich zugeben, dass es nicht stark ausgeprägt ist. Wert = 3
3. Potential: $3 \times 3 = 9$

(Bevor du die Arbeit mit der auf den folgenden vier Seiten dargestellten Tabelle beginnst, lies bitte noch die Fortsetzung dieser Anleitung am Ende dieser Tabelle.)

Sechs Säulen

Berufung: Gesundheit: Beziehungen: Fortschritt: Kreativität: Wohlstand:

Nr.	Aussage
A1	Ich setze mich aktiv mit den grundsätzlichen Fragen rund um mein persönliches Lebensglück auseinander.
A2	Es gibt genug Menschen in meinem Leben, die mich auch dann unterstützen, wenn kein anderer an mich/meine Ideen/meine Pläne glaubt.
A3	Ich reflektiere regelmäßig über mich, mein Leben und meine gesammelten Erfahrungen und schreibe meine Gedanken auf.
A4	Ich gehe regelmäßig einer körperlichen Betätigung nach, die mir Spaß macht und mich fit hält.
A5	Ich setze mir Ziele und schmiede Pläne, um meine Vision zu erreichen – wenn ein Plan nicht aufgeht, entwerfe ich einen neuen.
A6	Ich investiere meine Zeit bewusst in die Qualität meiner Beziehungen.
A7	Ich arbeite hart dafür, um die Früchte des Wohlstands ernten zu können.
A8	Ich investiere in meine persönliche Weiterentwicklung (z. B. durch Bücher, Seminare, Workshops), um mein Leben aktiv zu gestalten.
A9	Ich habe meine kreative Ader gefunden.
A10	Ich nehme mir jeden Tag Zeit für einen mentalen Boxenstopp, um ausgeglichen zu sein (z. B. durch Lesen, Meditieren, Beten etc.).
A11	Ich distanziere mich von Menschen, wenn sie nicht mehr zu meinem Lebensentwurf oder meiner Lebenseinstellung passen.
A12	Übung macht den Meister! Ich lebe meine kreative Ader regelmäßig aus.
A13	Ich habe eine klare Vision für mein Leben und könnte diese problemlos zu Papier bringen.
A14	Ich achte nicht nur auf meine körperliche, sondern auch auf meine emotionale Gesundheit.
A15	Wenn mich jemand nach meinen Zielen und Träumen fragt, fällt es mir leicht, diese in wenigen Sätzen zusammenzufassen.
A16	Ich gebe, bevor ich nehme – ich erwarte gar keine Gegenleistung.
A17	Mir ist immer bewusst, ob ich mein Geld gerade ausgebe oder investiere.
A18	Ich trainiere meine Kreativität, indem ich mich coachen lasse oder an Fortbildungen und Seminaren teilnehme.
A19	Ich bilde mich rund um die Themen Gesundheit, Bewegung und Ernährung weiter (z. B. durch Bücher, Videos, Podcasts etc.).

Bedeutung				Ausprägung					
Unwichtig	Weniger wichtig	Wichtig	Sehr wichtig	Gar nicht ausgeprägt	Schwach ausgeprägt	Stark ausgeprägt	Sehr stark ausgeprägt	Potential	
1	2	3	4	4	3	2	1		Nr.
									A1
									A2
									A3
									A4
									A5
									A6
									A7
									A8
									A9
									A10
									A11
									A12
									A13
									A14
									A15
									A16
									A17
									A18
									A19

Berufung: Gesundheit: Beziehungen: Fortschritt: Kreativität: Wohlstand:

Nr.	Aussage
A20	Ich bin mit mir selbst im Reinen.
A21	Ich träume nicht nur von materiellen Zielen, sondern arbeite auch hart dafür.
A22	Ich beschäftige mich damit, wer ich bin, was ich kann und wohin ich im Leben möchte.
A23	Ich habe gelernt, mich nicht für meine Kreativität zu schämen.
A24	Ich kenne mich sehr gut – ich weiß, was ich kann, und ich weiß auch, was ich nicht kann.
A25	Mir ist klar, wer die wichtigsten Menschen in meinem Leben sind, und ich habe ihnen schon einmal gesagt, was ich Gutes an ihnen habe.
A26	Ich habe eine positive Einstellung im Leben – für mich ist das Glas immer halb voll.
A27	Wenn etwas nicht so läuft wie geplant, fokussiere ich mich auf die Lösung – nicht auf das Problem.
A28	Ich weiß genau, wann ich in meinem Element bin – oder auch nicht.
A29	Ich kann mit Rückschlägen gut umgehen und konzentriere mich auf das, was ich daraus gelernt habe.
A30	Ich kann meine kreative Ader in meinem Beruf entfalten.
A31	Ich gehe gut mit Geld um.
A32	Wenn ich in den Spiegel schaue, fühle ich mich gut.
A33	Ich lerne von meinen Freunden. Sie lernen von mir.
A34	Mein Lebensglück liegt nicht auf meinem Konto, sondern in meinem Herzen – danach handele ich auch.
A35	Ich habe Begriffe wie Erfolg, Karriere und Glück für mich definiert.
A36	Es gibt Menschen in meinem Leben, die mir auch dann ihre Meinung sagen, wenn mir alle anderen nach dem Mund reden.
A37	Wenn ich umziehe, kann ich mich problemlos von alten Gegenständen trennen.
A38	Ich habe immer einen Überblick über meine Finanzen.
A39	Ich achte auf eine ausgewogene Ernährung und ausreichend Schlaf.
A40	Ich weiß, wozu ich auf dieser Welt bin und was meine Aufgabe ist.
A41	Ich probiere gerne Neues aus und verlasse regelmäßig meine Komfortzone.
A42	Ich übernehme die Verantwortung, ein erfülltes Leben zu führen.

Abb. 3: Sechs Säulen

Bedeutung				Ausprägung					
Unwichtig	Weniger wichtig	Wichtig	Sehr wichtig	Gar nicht aus-geprägt	Schwach aus-geprägt	Stark aus-geprägt	Sehr stark aus-geprägt	Potential	
1	2	3	4	4	3	2	1		Nr.
									A20
									A21
									A22
									A23
									A24
									A25
									A26
									A27
									A28
									A29
									A30
									A31
									A32
									A33
									A34
									A35
									A36
									A37
									A38
									A39
									A40
									A41
									A42

Wichtig ist, dass du den Ist-Zustand bewertest, nicht aber die Vergangenheit oder geplante Lösungsversuche. Es geht nicht um richtige oder falsche, sondern um ehrliche Antworten – je länger du überlegst, desto mehr verfälschen sich deine Antworten. Die Zahl, die dir als Erstes in den Kopf schießt, ist ein treuer Freund.

Als Nächstes multiplizieren wir die beiden Werte (Bedeutung × Realisierung). Es ergibt sich eine Zahl, die die Dringlichkeit des Handlungsbedarfes im jeweiligen Aspekt deines Lebens repräsentiert. Aus der Kombination »sehr wichtig« und »nicht umgesetzt« ergibt sich der höchste Wert und gleichzeitig das größte Verbesserungspotential.

Anschließend lassen sich für die sechs Säulen auch Durchschnittswerte errechnen. Beachte dafür die jeweiligen Schlüssel:

Berufung: (A1 + A8 + A13 + A24 + A28 + A35 + A40) / 7 =
Gesundheit: (A4 + A14 + A19 + A10 + A32 + A39 + A20) / 7 =
Beziehungen: (A6 + A16 + A25 + A2 + A36 + A33 + A11) / 7 =
Fortschritt: (A22 + A3 + A15 + A5 + A29 + A42 + A26) / 7 =
Kreativität: (A18 + A12 + A30 + A41 + A9 + A23 + A27) / 7 =
Wohlstand: (A7 + A21 + A17 + A34 + A37 + A38 + A31) / 7 =

Sechs Säulen interpretieren

Der in der englischen Arbeiterstadt Leicester aufgewachsene Schriftsteller Colin Wilson beobachtete die Menschen um sich herum und stellte fest: »Der Durchschnittsmensch ist Konformist, er akzeptiert Elend und Unglück so stoisch wie eine Kuh den Regen.«[6] Der aus dem Qualitätsmanagement stammende strategische »Sehtest« wirkt dem entgegen und legt die Grundlage für positive Veränderungen:

Nur wenn wir wissen, was heute in unserem Leben falsch läuft, können wir es morgen besser machen.

Reflexion

Notiere hier die Reihenfolge deiner sechs Säulen. Je höher der Durchschnittswert einer Säule, desto größer ist das Veränderungspotential in diesem Bereich. Was fällt dir beim Blick auf die Reihenfolge deiner sechs Säulen auf?

1. Säule: _____

2. Säule: _____

3. Säule: _____

4. Säule: _____

5. Säule: _____

6. Säule: _____

Wie erklärst du dir den Unterschied zwischen deiner 1. und 6. Säule?

Hinter welchen drei Aussagen verbirgt sich das größte Verbesserungspotential (es sind die Aussagen gemeint, die nach der Multiplikation die höchsten Werte in der Spalte »Potential« ergeben)?

Bitte vergiss nicht, dass dies eine Momentaufnahme ist. Auf Basis deiner Selbsteinschätzung erhältst du erste Indizien, welche deiner Säulen renovierungsbedürftig sind. Schließlich liegt es an dir, welches Material du für die Instandhaltung benutzen und wie viel Zeit und Energie du für die Reparatur investieren wirst. Die sorgfältige Renovierung deiner sechs Säulen hat gerade erst begonnen.

24 Stunden auf dem Prüfstand

Die Sorgfalt rückt auch auf den folgenden Seiten in den Fokus: Nachdem das Tool der Sechs Säulen einen eher abstrakten Querschnitt unseres Lebens abbildet, gilt es nun, spezifischer zu werden, um die Grundlage für greifbare Veränderungen zu legen. Spezifisch wird es, indem wir uns ein betriebswirtschaftliches Prinzip zunutze machen: die Produktivität.

Die betriebswirtschaftlichen Begriffe mögen für den einen oder anderen Leser gewöhnungsbedürftig sein – erfahrungsgemäß sind die Assoziationen bei einem Begriff wie Produktivität vielfältig. Aber die sich anbietende Diskussion über das Für und Wider von kapitalistischen Wirtschaftsstrukturen soll hier bewusst ignoriert werden. Es geht schlichtweg um ein gedankliches Experiment, bei dem wir überprüfen, ob sich ein wirtschaftlicher Zusammenhang auf das private Leben übertragen lässt. Deswegen stellt sich zunächst die Frage: Was bedeutet Produktivität im betriebswirtschaftlichen Sinn?

Die Produktivität eines Unternehmens beschreibt das Verhältnis von Output (zum Beispiel zwei Laptops hergestellt) zu Input (in drei Arbeitsstunden). Eine Tätigkeit ist dann produktiv, wenn sie die verfügbaren Mittel so nutzt, dass der Mehrwert für den Kunden steigt.

Entscheidend ist die Frage, ob sich das Prinzip der Produktivität auf das private Leben übertragen lässt.

Die Produktivität unseres Lebens setzt das, womit wir unsere Zeit verbringen, mit unserem »produzierten« Lebensgefühl ins Verhältnis. Eine Tätigkeit ist dann produktiv, wenn wir unsere verfügbaren Ressourcen so nutzen, dass die Qualität unseres Lebens steigt.

Obwohl der Brückenschlag für den einen oder anderen Leser, dessen Berührungspunkte mit der Betriebswirtschaftslehre überschaubar sind, ungewohnt wirken mag, gelingt er. Wenn wir abends das Licht ausschalten, kann jeder von uns das gute Gefühl, das ein »guter« Tag in uns hinterlässt, von dem Gefühl, »einfach zu nichts gekommen« zu sein, unterscheiden. Mit anderen Worten: Unser Gefühl unterscheidet hier »produktive« und »unproduktive« Tage. Wie können wir dieses betriebswirtschaftliche Prinzip als CEO unseres eigenen Lebens konkret nutzen?

Michael Porter, einer der profiliertesten amerikanischen Ökonomen, hat vor vielen Jahren die Methode der Wertschöpfungskette entwickelt. Eine Wertschöpfungskette beschreibt »die Ansammlung von Tätigkeiten, durch die ein Produkt entworfen, hergestellt, vertrieben, ausgeliefert und unterstützt wird«[7]. Porters Ansatz dient der Identifikation von Wettbewerbsvorteilen und wird heute im Zuge zahlreicher Beratungsansätze als Transparenz schaffende Ist-Analyse und Projekteinstieg gewählt, um ein besseres Verständnis für die Zusammenhänge zwischen einzelnen Abteilungen und den Funktionen eines Unternehmens zu gewinnen. Legt man das Augenmerk auf die Wertschöpfungskette, wird aus der Vogelperspektive dokumentiert, was die aktuellen Tätigkeiten eines Unternehmens sind – dabei wird kein Stein auf dem anderen gelassen. Diese Ist-Analyse spielt eine wichtige Rolle in einem Beratungsprojekt, denn ohne eine sorgfältige Bestandsaufnahme läuft der Berater Gefahr, unpassende und nicht umsetzbare Lösungen zu erarbeiten. Das ist wie mit der richtigen Kleidung – wenn wir nicht wissen, wie kalt es draußen ist, laufen wir Gefahr, uns eine Erkältung einzufangen.

Wenn wir aus der Wertschöpfungskette gedanklich eine Lebenskette machen, stellen wir uns Fragen wie: Womit verbringen wir unsere

Zeit? Wie wirkt sich das auf unser Leben aus? Wo liegen unsere Potentiale, um unser Leben noch produktiver gestalten zu können?

Dank Michael Porter können wir in diesem Abschnitt die Bestandsaufnahme fortsetzen und unsere Produktivität untersuchen. Bevor wir etwas in unserem Leben verändern, macht es Sinn, ein klares Bewusstsein für die inhaltlichen Zusammenhänge und zeitlichen Investitionen in unserem Leben zu gewinnen. Wie ein Unternehmensberater lassen wir keinen Stein auf dem anderen.

15 Lebensbereiche auf dem Prüfstand

Im Folgenden wird unser Leben in 15 unterschiedliche Bereiche gegliedert, die wir im Zuge einer Potentialanalyse einschätzen. Ziel ist es, eine prozentuale Angabe für die Produktivität in jedem Bereich zu erhalten. Voraussetzung dafür ist ein einheitliches Verständnis der aufgeführten und auf dem Prüfstand stehenden Bereiche.

Karriere: Einen Großteil unserer Lebenszeit nennen wir Arbeitszeit. Hier geht es zunächst um eine ehrliche Bewertung deines aktuellen Berufes.

Finanzen: Ohne Moos nix los. Klingt blöd, ist aber so. Wie steht es um deine finanziellen Mittel und Perspektiven?

Perspektive: Hier geht es um deinen Lebensentwurf. Hast du eine Vision für dein Leben oder ein Bild, wie du dir deine Zukunft ausmalst?

Fortschritt: In diesem Bereich rückt der persönliche Fortschritt in den Fokus, und wir prüfen die Frage, wie wir uns im Laufe unseres Lebens entwickelt haben. Inwieweit haben wir bereits umgesetzt, was uns wichtig ist? Dabei konzentrieren wir uns auf uns selbst und vermeiden jeden Vergleich mit anderen.

Selbstentwicklung: Persönlichkeitsentwicklung ist wie Zahnseide benutzen – jeder weiß, dass es gut ist, aber kaum jemand macht es. Hier geht es um eine ehrliche Einschätzung, wie intensiv du dich mit persönlichen Fragestellungen auseinandersetzt.

Spiritualität: Da es im Leben viele Dinge gibt, die wir nicht sehen oder erklären können, widmen wir uns hier dem spirituellen Bereich und untersuchen, inwiefern du ein achtsames Leben führst.

Hobbys: Was machst du am liebsten in deiner Freizeit? Hast du Hobbys und nimmst du dir Zeit für sie? Wirf einen kritischen Blick auf deine freie Zeit.

Muße: Kannst du abschalten? Legst du bewusst Pausen ein, um dich durch einen Wochenendtrip oder Urlaub zu erholen? Hier stellt sich die Frage, wie wirksam das für dich ist.

Entertainment: Wer morgens kurz nach dem Aufstehen das erste Bier trinkt, ist wohl ein Alkoholiker. Wie nennen wir es, wenn wir morgens kurz nach dem Aufstehen unser Smartphone checken? Hier wird untersucht, welche Rolle (mediale) Ablenkung in deinem Leben spielt.

Fitness: Treibst du Sport? Hier steht deine körperliche Bewegung im Fokus, denn es gibt wenig, was sich so sehr auf unser Lebensgefühl auswirkt.

Gesundheit: Zum Lebensgefühl gehört auch das, womit wir unseren Körper versorgen. Inwiefern achtest du beispielsweise auf deine Ernährung?

Schlafen: Da wir rund ein Drittel des Lebens im wahrsten Sinne des Wortes verschlafen, ist die Qualität unserer Nachtruhe nicht zu unterschätzen.

Familie: Hier werfen wir einen Blick auf deine familiären Verhältnisse und die Art und Weise, wie du diese Beziehungen pflegst.

Freunde: Das Pendant zur Familie sind deine Freunde. Welche Rolle spielen die zwischenmenschlichen Beziehungen in deinem Leben?

Liebe: Last, but not least – wie geht es dir mit deinem Beziehungsstatus? Dieser Bereich erfordert ebenfalls eine ehrliche Bestandsaufnahme.

Potentialanalyse durchführen

Der auf wissenschaftlichen Erkenntnissen basierende Selbsttest verknüpft eher analytische Ansätze aus der Welt der Unternehmensberatung mit philosophischen Elementen aus der Welt der Psychoanalyse und des Coachings. Das Besondere an dieser Potentialanalyse ist nicht nur, dass du eine prozentuale Angabe erhältst, zu wie viel Prozent du dein Potential im jeweiligen Lebensbereich ausschöpfst, sondern dass die Bewertung online stattfindet.[8] So ist innerhalb von wenigen Minuten sichergestellt, dass du ein individuelles und sorgfältig visualisiertes Ergebnis erhältst. Deine Analyse steht dir jetzt unter folgendem Link kostenlos und ohne Angabe von persönlichen Daten zur Verfügung: www.analyse.aaronbrueckner.de.

Im Anschluss an die Analyse bekommst du die Auswertung deiner 15 Lebensbereiche, eine Momentaufnahme deines Ist-Zustands. Bevor du nun die Analyse online durchführst, kannst du eine spontane Einschätzung abgeben: Wie produktiv bist du? Also mit Blick auf dein Leben: Zu wie viel Prozent schöpfst du schätzungsweise dein Potential aktuell aus?

_____ Prozent

Als Nächstes kannst du die unter dem angegebenen Link zur Verfügung stehende Potentialanalyse durchführen und die Ergebnisse auf dich wirken lassen – am einfachsten geht es über dein Smartphone. Für die 30 Fragen solltest du nicht länger als sieben Minuten brauchen. Im Anschluss öffnet sich das Ergebnis als PDF-Datei in deinem Browser. Ich empfehle, diese für später abzuspeichern, da wir sie zu einem späteren Zeitpunkt noch einmal brauchen.[9]

Notiere die drei Lebensbereiche mit der höchsten Produktivität:

_____

_____

In welchen deiner Lebensbereiche bist du am unproduktivsten?

Wie erklärst du dir die Diskrepanz zwischen den produktivsten und unproduktivsten Bereichen deines Lebens?

Produktivität (nicht) interpretieren

Eins vorweg: So wie es keinem Unternehmen gelingt, zu 100 Prozent wertschöpfend aktiv zu sein, wirst auch du Lebensinhalte finden, bei denen du eher unproduktiv bist und bleiben wirst. Die Zeit im Auto auf dem Weg zur Arbeit können wir zwar noch mit einem guten Podcast überbrücken, aber spätestens nach einem stressigen Tag im Büro haben wir es uns auch einmal verdient, uns auf die Couch zu fläzen und bei stumpfer medialer Berieselung abzuschalten. Wen kümmert in diesen Momenten schon die eigene Produktivität?!

Ein jüdisches Sprichwort sagt, dass die Zeit dein kostbarstes Gut sei, weil du sie für Geld nicht kaufen kannst. Deswegen ist das Ziel dieses

Tools, unser Bewusstsein dafür zu schärfen, womit wir die 24 Stunden unserer Tage verbringen. Im Idealfall behandeln wir unsere Lebenszeit wie ein kluger Investor seine Finanzen. Zwar sind zum jetzigen Zeitpunkt Veränderungen (noch) nicht das Ziel, dennoch wirst du dich vielleicht fragen: Investiere ich meine Zeit sinnvoll? Was kann ich verändern, um meine Produktivität zu steigern? Sind 76 Prozent ein guter Wert? Ich habe bei »Karriere« 58 Prozent erreicht, meine Freundin 82 Prozent – was macht sie anders, wie kommt diese Differenz zustande? Im 4. Kapitel wird im Zuge der Blue-Ocean-Strategie deine Potentialanalyse wieder aufgegriffen, damit du diese Fragen beantworten kannst.

 Reflexion

Welcher Wert hat dich am meisten überrascht?

Was haben die drei unproduktivsten Bereiche deines Lebens gemeinsam?

Hattest du mit einem höheren oder niedrigeren Gesamtwert gerechnet?

»Cash Cows« und »Poor Dogs« identifizieren

Wer sein Studium an der Harvard Business School 90 Tage vor Abschluss abbricht, scheint nicht ganz klar im Kopf oder Bruce Henderson zu sein. Nach einer steilen Karriere in einem amerikanischen Industrieunternehmen gründete er 1963 die Boston Consulting Group. 17 Jahre später, 1980, zog er sich zurück und konnte stolz auf sieben von ihm eingerichtete Standorte mit rund 250 Beratern sein. Heute erwirtschaftet die Boston Consulting Group mit 14 000 Mitarbeitern über 5 Mrd. US-$ und hat sich mit ihrer Wachstumsanteil-Matrix, eher bekannt als BCG-Matrix, in den Geschichtsbüchern der Betriebswirtschaft verewigt.

Die BCG-Matrix besteht aus zwei Achsen. Zum einen berücksichtigt sie die umweltrelevanten Faktoren eines Unternehmens bei der Frage nach dem Marktwachstum. Zum anderen bezieht sie unternehmensinterne Faktoren bei der Frage nach dem Marktanteil mit ein. Einfach, aber wirkungsvoll, denn es lassen sich alle Produkte oder Geschäfteinheiten eines Unternehmens einem der vier Felder der 2 × 2-Matrix zuordnen, sodass man als CEO daraus entsprechende Strategien ableiten kann.

So wie die BCG-Matrix interne und externe Faktoren eines Unternehmens berücksichtigt, um das Portfolio eines Unternehmens zu

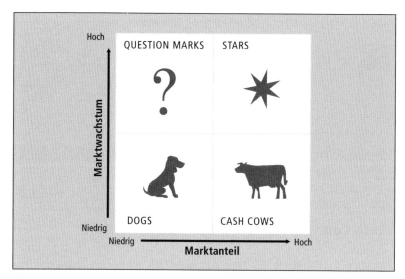

Abb. 4: BCG-Matrix

analysieren (Marktanteil versus Marktwachstum), lässt sich auch unser Portfolio hinsichtlich unserer Lebensinhalte abbilden (Input: Ressourcen versus Output: Lebensqualität). Die Visualisierung dient der Validierung und Vertiefung unserer zuvor erarbeiteten Lebenskette.

Bevor wir allerdings damit beginnen, die ursprüngliche BCG-Matrix auf Fragestellungen in Bezug auf unser Leben zu übertragen, müssen wir sie ein wenig anpassen. Die Veränderung der Achsenbeschriftung führt dazu, dass die »Cash Cows« ihr Feld mit den »Question Marks« tauschen.

BCG-Matrix ausfüllen

Unsere Aufgabe ist es nun, die 15 Lebensbereiche (Karriere, Finanzen, Perspektive etc.) auf der 2×2-Matrix zu visualisieren. Dafür übertragen wir die jeweilige Überschrift eines Lebensbereiches in eines der vier Felder. Diese visuelle Zuordnung hat einen entscheidenden

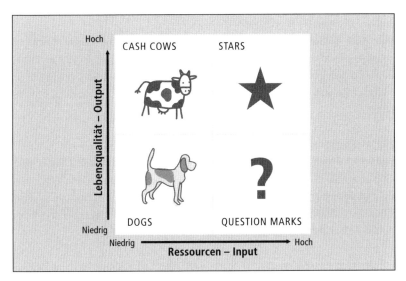

Abb. 5: BCG-Matrix, auf unser Leben übertragen

Vorteil: Wir müssen uns entscheiden, denn wir können nicht zwei Lebensbereiche genau gleich bewerten, sodass wir sie im Grunde übereinanderschreiben müssten. In einem solchen Fall sind wir aufgerufen, zu spüren, was uns wichtiger ist. Angenommen *Karriere* und *Spiritualität* stehen in einem Feld dicht beieinander, dann würden wir uns beim Schreiben fragen: Investiere ich wirklich genauso viele Ressourcen in meine Spiritualität wie in meine Karriere? Wenn nicht, sollte Karriere weiter rechts stehen. Wirkt sich die Spiritualität positiver als die Karriere auf meine Lebensqualität aus? Wenn ja, dann steht Spiritualität über Karriere. Im Zuge dieser systematischen Validierung stolpern wir über Unklarheiten in unserem Gefühl. Das Ausfüllen der BCG-Matrix ist wie ein Puzzle – jedes Teil muss am Ende passen und sich »richtig platziert« für dich anfühlen.

Nimm dir jetzt ein DIN-A4-Blatt und zeichne die Matrix. Für die exakte Positionierung deiner Lebensbereiche führst du dir die Frage, die hinter jeder Achse steht, noch einmal vor Augen – hier exemplarisch am Beispiel deiner Karriere:

Achse »Ressourcen – Input«:
Wie viele Ressourcen investiere ich aktuell in meine *berufliche Karriere*?
Es geht nach wie vor nicht um Absichten oder gute Vorsätze, sondern darum, ob du deine finanziellen, zeitlichen und persönlichen Möglichkeiten tatsächlich in deine berufliche Entwicklung investierst.

Achse »Lebensqualität – Output«:
Wie wirkt sich meine *berufliche Karriere* auf die Qualität meines Lebens aus?
Unabhängig davon, inwieweit du deine Ressourcen investierst: Bist du zufrieden mit deiner beruflichen Entwicklung? Bringt dich dein Beruf persönlich weiter? Blühst du in deinem Job auf oder trocknet deine Arbeitsfreude langsam aus?

Erfahrungsgemäß macht es Sinn, mit einem Lebensinhalt zu beginnen, der ein »Star« in deinem Leben ist und für den du 100 Prozent deines Potentials ausschöpfst. Dieser »Star« dient dir als Referenzpunkt für alle anderen Lebensbereiche.

Beispiele für die vier Felder

Bei der Einordnung deiner Lebensbereiche hast du die Wahl zwischen vier Kombinationen aus geringer / hoher Ressourcennutzung und geringer / hoher Lebensqualität, die ich dir anhand von vier Beispielen deutlich mache:

»Poor Dog« – *geringe* Ressourcennutzung und *geringer* Mehrwert
Beispiel Gesundheit: Johannes raucht, trinkt regelmäßig Alkohol, geht mit seinem Knieproblem nicht zum Arzt und achtet nicht auf seine Ernährung. Anders formuliert: Er investiert kaum in seine Gesundheit. Obwohl er ab und zu ins Fitnessstudio geht, fühlt er sich nicht wohl in seiner Haut. Das Training schlägt nicht an, er hat leichtes Übergewicht und verbringt ohnehin die meiste Zeit seines Lebens im Büro – je schwerer die Pasta beim Abendessen, desto schwerer fühlt er sich morgens beim Aufstehen. Statistisch gesehen ist er fleißig

dabei, seine Lebenserwartung zu reduzieren. Der Bereich Gesundheit ist für ihn ein klassischer »Poor Dog«.

»Cash Cow« – *geringe* Ressourcennutzung und *hoher* Mehrwert
Beispiel Hobbys: Karola steckt mitten im Studium, arbeitet nebenher als Hostess und ist mit ihrem Sportprogramm (Kampfsport Krav Maga und Yoga) zeitlich gut ausgelastet. Ihr Hobby: fotografieren. Abgesehen davon, dass sie sich letztes Jahr eine neue Kamera gekauft und einen Onlinekurs belegt hat, um endlich mal das Zusammenspiel aus Blende, Brennweite und Belichtung zu verstehen, nimmt sie sich selten Zeit zum Fotografieren. Obwohl ihr Ressourceneinsatz gering ist, spürt sie jedes Mal, wie viel Freude ihr das Scharfstellen bereitet und wie positiv das Feedback von ihren Freunden auf ihre Fotos ist. Warum nicht mehr davon? Der Bereich Hobbys ist bei Karola eine »Cash Cow« mit Potential für viel mehr Lebensqualität.

»Question Mark« – *hohe* Ressourcennutzung und *geringer* Mehrwert
Es gibt ganz unterschiedliche Arten von Fragezeichen in unserem Leben. Ich möchte dir drei Beispiele geben.

1. *Beispiel Entertainment:* Es fällt Ludwig schwer, auf die mediale Berieselung zu verzichten. Zwar spart er sich die Netflix-Gebühr, weil er den Account eines Freundes mitbenutzt, aber wenn er die Stunden zusammenzählt, die er im letzten Jahr in *House of Cards*, *Game of Thrones* und *Breaking Bad* investiert hat, hätte er auch lernen können, wie er *Viva la Vida* von Coldplay auf dem Klavier spielt oder fließend Spanisch spricht. Natürlich gibt es nichts dagegen einzuwenden, dass er sich Serien anschaut. Aber inwiefern ihm der Konsum von Serien beim Erreichen seiner Lebensziele hilft, kann er nicht beantworten.

2. *Beispiel Finanzen:* Ariane hat vor ein paar Monaten an einem Seminar teilgenommen, durch das sie Einblicke in das Trading an der Börse bekommen hat. Als Controllerin ist sie zahlenaffin und freut sich auf die ersten Gehversuche mit einem Simulationskonto. Gleichzeitig schaut sie ein Lehrvideo nach dem anderen, die den Teilnehmern in einer Mediathek zur Verfügung gestellt werden. Es wurde ihr sogar

geraten, ein ganzes Jahr nur zu simulieren. Das kostet extrem viel Zeit und bringt noch kein Geld.

3. *Beispiel Liebe:* Claus führt seit acht Jahren eine Beziehung. Er kann sich gar nicht mehr daran erinnern, wann er das letzte Mal glücklich aufgewacht ist. Das Knifflige ist: Vor zwei Jahren war er kurz davor, die Beziehung zu beenden, als plötzlich der Vater seiner Freundin starb. Sie ging durch eine sehr schwere Zeit und er wollte es nicht noch schlimmer für sie machen. Heute muss er aber erkennen, dass er sich nur noch durch die Beziehung schleppt. Das kostet Kraft.

Du siehst: In unserem Leben gibt es ganz unterschiedliche Fragezeichen. Mal brauchen wir wie Ariane einfach Geduld, mal braucht es wie bei Ludwig die ehrliche Erkenntnis, dass wir schlicht Zeit verschwenden, und ein anderes Mal bedarf es einer längst überfälligen, wenn auch schweren Entscheidung, ein totes Pferd nicht weiter zu reiten.

»Star« – *hohe* Ressourcennutzung und *hoher* Mehrwert
Beispiel Karriere: Melanie hat Modedesign studiert, weil sie als kleines Mädchen schon die Kleider von ihrer Mutter genäht hat. Danach hat sie einen MBA gemacht, um zu lernen, dass sich Mode auch rechnen muss. Heute arbeitet sie für ein traditionelles Textilunternehmen und kann von sich behaupten, gerne zur Arbeit zu fahren. Sie sitzt ihre Zeit im Büro nicht ab und feiert mittwochs nur selten das »Bergfest«. Während sie im Job ihre Begabungen entfalten kann und ihre Initiative belohnt wird, gewinnt ihr Leben an Qualität und Perspektive. Sie träumt nicht mehr nur, sondern arbeitet an der Umsetzung ihres Traums von einem eigenen Modelabel. Der Bereich Karriere ist für Melanie ein »Star« – wer seine berufliche Tätigkeit hier einordnet, kann sich glücklich schätzen.

BCG-Matrix interpretieren

Eine solide Ist-Analyse lebt nicht von vorschnellen Antworten, sondern von klugen Fragen. Deshalb steigen wir in eine tiefer gehende Reflexion ein, damit wir die Einordnung der 15 Lebensbereiche in die Felder noch einmal überprüfen können. Gleichzeitig greifen wir die aus der BCG-Matrix ableitbaren Normstrategien auf, mit denen in Unternehmen gearbeitet wird und die nichts anderes als eine gute Empfehlung zum weiteren Vorgehen sind.

Reflexion

Mit welchem Lebensbereich hattest du bei der Einordnung die größten Schwierigkeiten?

»**Poor Dog**«: Ändere etwas! Was kannst du hier anders machen, um den »Poor Dog« zu einem »Question Mark« oder gar einem »Star« zu machen?

»Question Mark«: Wie weiter? Hier bist du nicht produktiv. Wir haben bereits erlebt, dass dies ganz unterschiedliche Gründe haben kann: Wird es Zeit, eine Entscheidung zu treffen? Reitest du ein totes Pferd? Bei was brauchst du einfach mehr Geduld, bis sich dein Einsatz auszahlt?

»Cash Cow«: Mehr davon! Das ist der »sweet spot«, wie es so schön im Englischen heißt. Aber inwiefern könnte es sein, dass hier noch mehr Lebensqualität schlummert?

»Star«: Weiter so! Hier bist du am produktivsten. Welcher Lebensbereich fehlt dir hier?

Das Prinzip der Produktivität ist mittlerweile als Gedanke in dir gepflanzt. Vielleicht wirst du zukünftig darüber stolpern und dich plötzlich fragen, wie du dein Potential aktuell nutzt und ob das Ergebnis die Qualität deines Lebens steigert. Die vier Felder der BCG-Matrix wirken dabei wie Stützräder fürs Denken und helfen dir, effektiv zu sein, also grob einzuordnen, ob du als CEO das Richtige tust. Wenn wir das Prinzip der Produktivität verinnerlichen, werden wir zu einem klugen Investor unserer Lebenszeit.

Beziehungen unter die Lupe nehmen

»Wir sind der Durchschnitt der fünf Menschen, mit denen wir die meiste Zeit verbringen.« Jim Rohn, dem dieses Zitat zugeschrieben wird, prägte als amerikanischer Unternehmer und Motivationstrainer im letzten Jahrhundert den Werdegang von Persönlichkeiten wie Tony Robbins, Brian Tracy oder T. Harv Eker. Zunächst provoziert dieses Zitat ein Innehalten – wer sind diese fünf Menschen in meinem Leben? Und was sagt das über mich aus? Gleichzeitig ist dieses Zitat ein gutes Beispiel dafür, dass man sich die Grenzen eines guten Zitats vor Augen führen muss: Wer nimmt sich nach dem ersten Stutzen schon die Zeit, um fünf Namen aufzuschreiben und die mit ihnen verbundenen Attribute abzuleiten? Selbst wer fünf Personen identifiziert hat, wird sich fragen, wie er den Einfluss seines Beziehungsgefüges denn bewerten soll. Damit unser Nachdenken an dieser Stelle nicht ausgebremst wird, nehmen wir ein Erfolgsrezept aus der Wirtschaft zu Hilfe, um konkrete Antworten zu finden.

Wenn wir uns an die sechs Säulen unseres Lebens erinnern, nimmt eine dieser Säulen eine exponierte Stellung in unserem Leben ein: Beziehungen. Wir sind soziale Wesen und befinden uns als Individuen immer in einem natürlichen Bezug zu Gemeinschaften und Gesellschaften. Ein guter Unternehmensberater weiß, dass das geplante Projekt nicht von Maschinen, sondern von Menschen durchgeführt wird. Typischerweise wird deshalb die Stakeholder-Analyse, die mit einer Matrix arbeitet, zu Hilfe genommen, um die Personen zu identifizieren, die ein berechtigtes Interesse am Verlauf und Ergebnis des Projektes haben. So werden externe und interne Personen, die außerhalb des eigenen Teams Einfluss auf das Projekt nehmen, als Projektbeteiligte verstanden. Entscheidend ist die Definition der unterschiedlichen Interessen, Bedürfnisse, Einstellungen und Erwartungen, denn dann können die wichtigsten Stakeholder in einem Koordinatensystem nach den für die Situation relevanten Merkmalen angeordnet und das Beziehungsmanagement strategisch gestaltet werden. Ziel ist, potentielles Konfliktpotential zu antizipieren und negativ eingestellte Stakeholder durch Projektmarketing- und Kommunikationsmaßnahmen positiv zu stimmen oder zu neutralisieren.

Wenn wir der Durchschnitt der fünf Menschen sind, mit denen wir die meiste Zeit verbringen, lohnt sich ein systematischer Blick auf unser Beziehungsgefüge – wer inspiriert uns? Wer bremst uns heimlich aus? Wer ist ein Energieräuber? Wer interessiert sich gar nicht für unsere Belange und redet nur von sich? Es geht nicht darum, andere zu manipulieren oder nur von Jasagern umgeben zu sein – insbesondere die kritischen Geister sind wichtige Leitplanken –, doch um eigenständige Entscheidungen zu treffen, bedarf es eines strategischen Blicks und klaren Bewusstseins für die konstruktiven und destruktiven sozialen Verhältnisse in unserem Leben. Die Stakeholder-Analyse ist dafür ein geeignetes Werkzeug.

Stakeholder sammeln

Wieder handelt es sich um eine 2×2-Matrix – Manager und Berater schätzen diese Form der Darstellung, um komplexe Informationen einfach abzubilden. Auf der x-Achse beurteilen wir, inwiefern uns eine Person in unserem Leben unterstützt oder sich für unseren Lebensweg interessiert. Auf der y-Achse schätzen wir den Einfluss dieser Person auf uns ein. Wie viel Gewicht hat beispielsweise ihre Meinung bei einer Entscheidungsfindung?

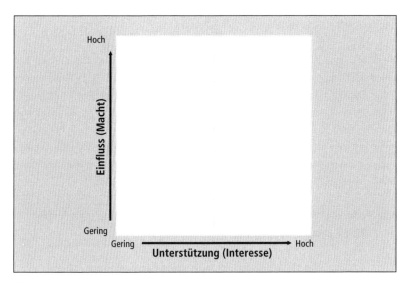

Abb. 6: Stakeholder-Matrix

Ziel dieses Abschnitts ist es, die Abbildung 6 mit Namen zu füllen. Für die Stakeholder-Analyse ist es nicht entscheidend, wie viel Zeit wir mit dem ausgesuchten Menschen verbringen. Deshalb kommen nicht nur die fünf Menschen infrage, mit denen wir aktuell die meiste Zeit verbringen, sondern alle Personen, die eine Rolle in unserem Leben spielen. Das können dein Vater, Onkel, Schwager, bester Freund, Bekannter, Chef oder deine Mutter, Patentante, Schwester, Verlobte, beste Freundin der Partnerin, Arbeitskollegin, die Sekretärin des Chefs oder die Chefin deines Chefs sein. Es geht weder nur um deine besten Freunde noch um alle Personen, die du kennst. In der Regel reicht es, wenn du dir für ein kurzes Brainstorming einige Minuten Zeit nimmst. Also: Wer sind die relevanten Personen in deinem Leben?

Stakeholder beurteilen

Nehmen wir an, du müsstest mit den Menschen, die du aktuell als relevant eingeschätzt hast, einen Film über dein aktuelles Leben drehen. Dein Filmstab setzt sich aus unterschiedlichen Rollen zusammen, von denen vier dir besonders am Herzen liegen. Es sind die Haupt- und Nebendarsteller, der Regisseur und der Caterer. Versuche, jede Person einem Feld der nachfolgend abgebildeten Matrix zuzuordnen. Arbeite mit einem Din-A4-Blatt, damit du genügend Platz hast, und orientiere dich an diesen beiden Leitfragen:

y-Achse: Wie groß ist der Einfluss der Person auf mich, mein Leben, meine Entscheidungen und meine Gefühle?

x-Achse: Wie stark unterstützt mich diese Person bei der Art und Weise, wie ich mein Leben lebe und meine Herausforderungen bewältige?

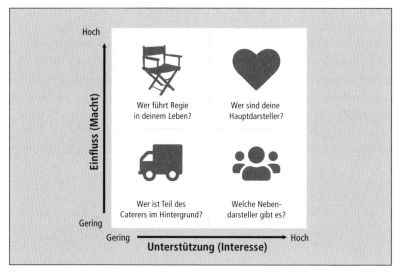

Abb. 7: Stakeholder-Matrix, Dreharbeiten

Die Bewertung ergibt vier Kombinationen aus geringem/hohem Einfluss und geringer/hoher Unterstützung. Bevor du loslegst, gebe ich dir für jede Rolle ein Beispiel an die Hand:

Caterer – *geringer* Einfluss und *geringe* Unterstützung
Nora hat einen Bruder, der ihr wie ein Fremder vorkommt. Das war in ihrer Kindheit nicht immer so – aber meistens. Als Erwachsene verfolgen beide völlig unterschiedliche Lebensentwürfe, sodass es nicht überrascht, dass es bei Familienfeiern nicht mehr miteinander zu sprechen gibt als den üblichen Small Talk. Alles andere würde eskalieren. Nora ordnet ihren Bruder dem Cateringteam zu, weil er für den Verlauf ihres Lebensfilms nicht entscheidend ist und sich die Beziehung nur im Hintergrund hält. Das ist zwar traurig, aber beiden ziemlich egal. Wer ist Teil deines Catering-Teams?

Regisseur – *hoher* Einfluss und *geringe* Unterstützung
In Olivers Berufsleben gibt es eine neue Regisseurin: Er hat seit Kurzem eine neue Chefin – doch nein, das stimmt nicht ganz. Es ist die neue Chefin seines Chefs. Aber seitdem sie da ist, weht im Büro ein rauer Wind: Kollegen werden gefeuert, Ideen der Mitarbeiter ignoriert (ihm ist dies gerade erst im letzten Meeting geschehen) und zu allem Überfluss kommt sein Chef neuerdings schlecht gelaunt zur Arbeit. Zu Hause regt sich Oliver manchmal den ganzen Abend über sie auf – wenn der Wecker dann am nächsten Morgen klingelt, wünscht er sich, dass alles nur ein böser Traum gewesen sein möge. Oliver ordnet die neue Chefin seines Chefs als Regisseurin ein – sie hält die Fäden in ihrer Hand. Wer führt Regie in deinem Leben? Beachte, dass es manchmal gleich mehrere Regisseure in unserem Leben geben kann, die in erster Linie ihre Agenda verfolgen. Wir aber stehen dabei nur an zweiter Stelle.

Nebendarsteller – *geringer* Einfluss und *hohe* Unterstützung
Pablo hat eine sympathische Nachbarin. Aus einem netten Plausch im Flur wurden regelmäßige Treffen: Mal grillen die beiden, mal gehen sie spazieren oder ins Kino. Pablo tut es gut, mit einer neutralen Person über seine Themen zu sprechen. Er weiß an ihr zu schätzen, dass

sie gut zuhören und intelligente Fragen stellen kann. Es ist nett und unterstützend, aber nicht mehr. Pablo ordnet seine Nachbarin dem Feld »Nebendarsteller« zu – wer sind aktuell die Nebendarsteller im Film deines Lebens?

Hauptdarsteller – *hoher* Einfluss und *hohe* Unterstützung
Rahels bester Freund ist ihr Vater – das klingt seltsam, ist aber die Wahrheit. Sie ist ohne Geschwister aufgewachsen und früh ins Ausland gegangen. Sie konnte sich immer auf ihn verlassen, zum Beispiel, als ihr während des Studiums in Spanien das Geld ausging. Ihren Vater fragt sie immer um Rat, egal ob sie die Versicherung oder den Partner wechseln will. Rahels Vater ist ein Hauptdarsteller. Wer sind die zentralen Protagonisten deines Lebens, die deinen Film sehenswert machen?

Stakeholder analysieren

Wenn du alle Namen einer Rolle zugeordnet hast, kannst du die Arbeit mit der Stakeholder-Matrix fortsetzen. In diesem Abschnitt geht es darum, deine Zuordnung zu hinterfragen. Die Reflexionsfragen sind ein Interview mit dir selbst und vertiefen vor allem das Verständnis deines Beziehungsgefüges.

Der Caterer im Hintergrund:
Warum verbringst du Zeit mit dieser Person?

Raubt sie dir Energie?

War die Beziehung zu dieser Person früher einmal eine andere? Wenn ja: Warum hat sich etwas verändert? Hast du diesbezüglich schon einmal ein offenes und klares Gespräch mit diesem Menschen geführt?

Angenommen, du siehst diese Person nie wieder; inwiefern wird sich dein Leben verändern?

Die Regie und ihr Einfluss:
Welche Motivation steckt hinter dem starken Einfluss dieser Person?

Wenn sich der Einfluss negativ auswirkt: Hast du schon einmal ein klärendes Gespräch mit ihr geführt?

Angenommen, du brichst den Kontakt ab; was würde sich in deinem Leben verändern?

Was konntest du bislang aus dieser Beziehung lernen?

Die Nebendarsteller und ihre Unterstützung:
Worin zeigt sich die Unterstützung, die du von dieser Person erhältst?

Ist dies eine Art von Unterstützung, auf die du nicht verzichten möchtest?

Was muss erfüllt sein, damit dich die Person auch zukünftig unterstützt?

Wie wäre es für dich, wenn diese Person aus deinem Leben verschwände?

Die Hauptdarsteller und ihr Commitment:
Wofür bist du dieser Person dankbar?

Was kannst du von dieser Person lernen?

Wie wäre ein Leben ohne sie für dich?

Kennen sich die Personen in diesem Feld untereinander? Wenn nein, warum nicht?

Stakeholder-Matrix interpretieren

Wer viele Freunde hat, muss nicht immer gute Freunde haben. Die Arbeit mit der Stakeholder-Matrix berücksichtigt diesen Gedankengang und versucht, weniger die Quantität, sondern mehr die Qualität unserer zwischenmenschlichen Beziehungen in den Vordergrund zu stellen. Ein systematischer Blick auf unser Beziehungsgefüge mag ungewohnt sein, ist aber wirksam. Dabei können dich zum Beispiel folgende Fragen unterstützen: Gibt es jemanden, dem du unrecht tust, weil du seine Unterstützung nicht genug wertschätzt? Wie zeigst du deine Wertschätzung? Was hast du in der Vergangenheit getan, damit die Beziehung an Qualität gewinnt? Was könntest du in Zukunft tun? Bei welcher Person ignorierst du schon länger dein Magengrummeln? Wem hast du die letzte Kritik übel genommen, obwohl es eine wertvolle, ehrliche Meinung war? Wem schuldest du noch eine Entschuldigung?

Reflexion

Bist du zufrieden mit der Art und Weise, wie du dich in deine Beziehungen einbringst?

Notiere dir die Namen der fünf Menschen, mit denen du die *meiste Zeit* (gewollt und ungewollt) verbringst – was würde ich über dich wissen, wenn ich diese fünf kennenlernen würde?

Mit wem würdest du gerne mehr Zeit verbringen? Was kannst du konkret dafür tun?

Kurz innehalten

Zwischen den Los Angeles Lakers und den Utah Jazz waren noch 14 Sekunden zu spielen, da erreichte Kobe Bryant am 13. April 2016 zum sechsten Mal die 60-Punkte-Marke in einem Spiel. Es war eine große Show und das letzte Spiel seiner 20-jährigen Karriere, die mit fünf Meisterschaften, 18 Nominierungen für das All-Star-Team und dem drittbesten Punkteschnitt aller Zeiten (33,6 Punkte pro Spiel) ihresgleichen sucht.

Für eine solche Karriere schonte er nichts und niemanden – erst recht nicht sich selbst. Beispielsweise mutete er sich im Saisonendspurt 2013 zu viel zu: Er trainierte pausenlos, studierte mitten in der Nacht stundenlang den nächsten Gegner und konnte die Spielhallen nach Abpfiff teilweise nur auf Krücken verlassen. Als in einem Spiel plötzlich seine Achillessehne riss, weigerte er sich, sich auswechseln zu lassen. Die gerissene Sehne versuchte er per Hand wieder herunterzurollen und festzudrücken. Erst nachdem er zwei Freiwürfe verwandelt hatte, verließ er das Spielfeld und humpelte trotz höllischer Schmerzen ohne Hilfe in die Kabine. Bei dieser Hingabe verwundert seine Philosophie kaum: »Everything negative – pressure, challenges – is all an opportunity for me to rise.«[10]

In einem Interview mit dem legendären Journalisten Cal Fussman schilderte Kobe Bryant einmal sein Erfolgsgeheimnis.[11] Dazu verglich er die Vorbereitung auf eine neue Saison mit einem Puzzle – zu Beginn der Saisonvorbereitung betrachtet jeder Spieler seine unterschiedlichen Puzzleteile: Was läuft gut, an welchen Stellen hakt es und wo besteht in physischer und psychischer Hinsicht Anpassungsbedarf? In der Vorbereitung gilt es, diese Puzzleteile sinnvoll und sorgfältig zusammenzufügen, um für die bevorstehenden sportlichen Herausforderungen gewappnet zu sein – diesem Prozess schenkte Bryant seine ganze Aufmerksamkeit. Seine Überzeugung: Wer es nicht genießt, seine Puzzleteile zu betrachten und zusammenzufügen, wird auf dem Spielfeld nicht überzeugen.

3. DEN ROTEN FADEN FINDEN

Der Schriftsteller, Kabarettist und Moderator Dr. Eckart von Hirschhausen erzählte davon, dass er auf einem Kreuzfahrtschiff engagiert wurde.[12] Was zunächst großartig klang, entpuppte sich als Fiasko, denn das Publikum teilte seinen Humor nicht und die Seekrankheit wurde von Tag zu Tag schlimmer. Bei einem Zwischenstopp in Norwegen freute er sich über festen Boden unter den Füßen und besuchte einen Zoo.

Als er einen Pinguin sah, überkam ihn Mitleid: »Musst du auch Smoking tragen? Wo ist eigentlich deine Taille? Und vor allem: Hat Gott bei dir die Knie vergessen?« Er gelangte zu dem Urteil: Ein Pinguin ist eine Fehlkonstruktion. Da sprang der Pinguin ins Wasser und Hirschhausen staunte: »Wer je Pinguine unter Wasser gesehen hat, dem fällt nichts mehr ein. Er war in seinem Element! Ein Pinguin ist zehnmal windschnittiger als ein Porsche! Mit einem Liter Sprit käme der umgerechnet über 2500 km weit! Sie sind hervorragende Schwimmer, Jäger, Wasser-Tänzer!« Was er als Fehlkonstruktion abgestempelt hatte, übertrumpfte in Wahrheit jegliche technische Errungenschaft des Menschen.

Zwei Lehren leitete Hirschhausen aus dieser Begebenheit für das Leben ab: 1. Wir urteilen viel zu schnell (über andere und uns selbst) und können damit völlig falsch liegen. 2. Das Umfeld entscheidet, ob das, was wir gut können, zum Tragen kommt.

Hirschhausen ist der Ansicht, dass wir alle Stärken und Schwächen haben – entscheidend ist, worauf wir unseren Fokus legen: »Viele strengen sich ewig an, Macken auszubügeln. Verbessert man seine Schwächen, wird man maximal mittelmäßig. Stärkt man seine Stärken, wird man einzigartig. Und wer nicht so ist wie die anderen – sei getrost: Andere gibt es schon genug!«

Der frühere Mediziner fährt fort: »Menschen ändern sich nur selten komplett und grundsätzlich. Wenn du als Pinguin geboren wurdest, machen auch sieben Jahre Psychotherapie aus dir keine Giraffe.« Ein guter Therapeut redet nicht lange darüber, warum man gerne einen langen Hals hätte, was das mit der Kindheit oder dem Verlust des Großvaters zu tun haben könnte. Ein guter Therapeut fragt: Was bist du? Was kannst du? Was sind deine Stärken? Was hast du zu geben? Was macht dir Spaß? Aufbauend auf dieser Selbsterkenntnis macht uns Hirschhausen Mut: »Also nicht lange hadern: Bleib als Pinguin nicht in der Steppe. Mach kleine Schritte und finde dein Wasser. Und dann: Spring! Und schwimm!« Erst dann werden wir wissen, wie es sich anfühlt, in unserem Element zu sein.

Als Beispiel berichtet er etwas aus seinem eigenen Leben: Er arbeitete früher gerne in der Klinik. Allerdings bezeichnet er sich auch als »kreativen Chaoten« – eine Eigenschaft, die er als Stärke bewertet, die jedoch nicht besonders gut in eine Klinik passt. Beim freien Formulieren ohne einen festen Text auf neue Ideen zu kommen, führt er ebenfalls als eine seiner Stärken auf – beim Diktieren von Arztbriefen ist das eher ungünstig. In seinem heutigen Beruf als Schriftsteller, Kabarettist und Moderator nutzt er mehr von seinen Stärken, während seine Schwächen weniger ins Gewicht fallen – für ihn ist das ein klares Indiz, dass sein Pinguin das Wasser gefunden hat.

Dieses Kapitel beginnt, wo die Pinguin-Geschichte von Eckart von Hirschhausen endet. Die nächsten Seiten helfen uns, unser Wasser zu finden: Wir entdecken unser Element, unsere DNA, das, was den Kern unserer Persönlichkeit ausmacht: den roten Faden in unserem Leben.

Connecting the dots

»Commencement Speeches« sind an amerikanischen Elite-Universitäten Usus und enden häufig als viraler Hit. Harvard, Stanford & Co. überbieten sich mit berühmten Persönlichkeiten, die den jungen Absolventen ihre Lebensweisheiten und eine großzügige Portion Motivation mit auf den Weg geben. Neben Denzel Washington, Oprah Winfrey oder Jim Carrey ist wohl Steve Jobs einer der bekanntesten Redner. Seine Rede aus dem Jahr 2005 wurde mittlerweile fast 30 Mio. Mal bei YouTube angesehen.

Der ein Jahr zuvor an Krebs erkrankte Jobs spricht über das Leben, die Liebe und den Tod. Er erinnert sich u. a. daran, wie er sein sündhaft teures Studium schmiss, weil er keinen Wert darin sah: »Ich hatte keine Ahnung, was ich in meinem Leben tun wollte. Und ich hatte keine Ahnung, wie mich die Universität dabei unterstützen sollte, dies herauszufinden.« Nachdem es für ihn damit keine Pflichtkurse mehr gab, begann er Kurse und Seminare zu besuchen, die ihn interessierten. So stolperte er auch in einen Kalligrafie-Kurs und lernte etwas über Schriftarten mit und ohne Serifen, über die Variation der unterschiedlich großen Freiräume zwischen verschiedenen Buchstabenkombinationen und was gute Typografie ausmacht. Jobs war von der künstlerischen Feinsinnigkeit, die von keiner Wissenschaft eingefangen werden konnte, fasziniert. Gleichwohl vermutete er, dass nichts davon jemals eine praktische Anwendung in seinem Leben finden würde – doch er irrte sich.

Als zehn Jahre später der erste Macintosh entworfen wurde, fiel ihm alles, was er über schöne Schriften gelernt hatte, wieder ein. So wurde der Macintosh der erste Computer mit einer ansprechenden Typografie. 2005 ist Jobs davon überzeugt, dass die Schriftarten heute anders aussehen würden, wäre er damals nicht in diesen einen Kalligrafie-Kurs gestolpert.

Er betont, dass es zum damaligen Zeitpunkt nicht möglich war, diese Punkte sinnvoll miteinander zu verbinden – es gab zwar den Kalligrafie-Kurs, doch noch keine Computer, auf die er das Gelernte hätte übertragen können. Es ist selten vorauszusagen, ob und wie sich die Dinge, die wir in der Gegenwart erleben, mit Erlebnissen aus der Vergangenheit oder der Zukunft später einmal sinnvoll kombinieren lassen. Rückblickend aber wird es möglich: »You can't connect the dots looking forward. You can only connect them looking backwards.«[13] Er ruft die Anwesenden dazu auf, darauf zu vertrauen, dass die Punkte in ihrem Leben irgendwann einen Sinn ergeben; das sollte ihnen die Zuversicht geben, ihrem Herzen zu folgen – selbst wenn ihre Intuition und Neugier sie vom gewohnten Pfad abbringen sollten. In seinem Leben habe diese Perspektive und Philosophie den Unterschied ausgemacht.

You can't connect the dots looking forward.
You can only connect them looking backwards.

Als ich mir vor einigen Jahren die Rede von Steve Jobs im Netz ansah, war ich inspiriert. Warum sollte ich noch länger warten, um die Punkte in meinem Leben zu verbinden? Als analytisch denkender und strukturiert arbeitender Mensch nahm ich mir kurzerhand meinen Lebenslauf vor und durchforstete chronologisch die unterschiedlichen Stationen und Erfahrungen meines Werdegangs. Ich suchte nach etwas, was ich übersehen oder vernachlässigt hatte. Und ich wurde fündig.

In diesem Moment verstand ich das Prinzip des roten Fadens in seiner ganzen Bedeutung: Der rote Faden ist ein Produkt unserer Vergangenheit. Er wird aus den unzähligen Erfahrungen geknüpft, die uns über Jahre zu dem Menschen gemacht haben, der wir heute sind. Dazu zählen zum Beispiel auch ein schmerzhaftes Ereignis als Kind oder ein Erfolgserlebnis als Erwachsener. Jede Erfahrung sagt etwas über uns aus, und wenn wir zurückblicken, können wir wiederkehrende Elemente erkennen. Besonders prägende Muster ziehen sich nicht nur wie ein roter Faden durch unser Leben, sondern enthalten wertvolle Informationen über den Kern unserer Persönlichkeit. Diese Muster können wir ignorieren und als Pinguin versuchen, in der

Wüste zu überleben, oder wir begeben uns auf eine Entdeckungsreise und finden das, was die DNA unserer Persönlichkeit ausmacht: »unser Wasser«.

Andreas und der passende Job

Andreas kenne ich vom Sport. Beim Dehnen erzählte er mir einmal, dass er mit seinem Job unzufrieden sei. In den Grabenkämpfen zwischen Geschäftsführung, externen Beratern und Teamleitern rieb er sich als interne Feuerwehr so sehr auf, dass ihm die Lust langsam, aber sicher verging. Die Entscheidung schien getroffen: »Das ist nicht mehr mein Ding. Nach vier Jahren suche ich mir eine neue Herausforderung.« Bei einem solchen Wendepunkt wurde ich hellhörig und wollte mehr wissen. Ich fragte ihn, wie die Suche nach der neuen Herausforderung konkret aussehe, und er entgegnete: »Ich schau mal, was es am Markt so gibt.« Eine nachvollziehbare Antwort – was sollte er sonst machen? Dennoch fragte ich mich später: Wie finden wir eigentlich einen Job, der zu uns passt, wenn wir nur schauen, was es am Markt so gibt?

Um einen Job zu finden, der zu uns passt, sollten wir wissen, was uns ausmacht.

Beate und die mühsame Suche in der Datenbank

Mit Beate habe ich studiert. Sie war eine fleißige Studentin, und nachdem sie ihren Master abgeschlossen hatte, stand der Einstieg ins Berufsleben an. Eines Abends trafen wir uns zum Essen, und wir sprachen darüber, wie ihre berufliche Orientierung aussehe und wovon sie ihre Entscheidung abhängig machen werde. Drei Eckpunkte standen für sie fest: Der Job sollte 1) in der Region und 2) der Arbeitgeber ein Familienunternehmen sein, das 3) ein gutes Startgehalt bietet. So weit, so gut. Sie berichtete von Produkten, mit denen sie sich identifizierte, von Branchen, die sie langweilig fand, und von

Unternehmen, für die sie sich vorstellen könnte zu arbeiten, deren Headquarter aber zu abgelegen waren. Dann erzählte sie, dass sie eine Datenbank gefunden hatte, in der jeder Familienbetrieb aus der Region aufgeführt war. Fleißig hatte sie bereits begonnen, die Datenbank zu durchforsten, um ein geeignetes Unternehmen zu finden. Leider entpuppte sich das als ernüchterndes Unterfangen, da in der Datenbank Hunderte von Familienunternehmen aufgeführt waren – von der Klempnerei um die Ecke bis hin zum großen Versicherungsunternehmen in der Nachbarstadt.

Ohnehin erschien mir dieses Vorgehen nicht sehr zielführend zu sein. Es war, als zäume sie das Pferd von hinten auf. Mit Blick auf das Eingrenzen einer zukünftigen Tätigkeit fragte ich sie: »Worin bist du denn gut?« Zunächst sorgte der Perspektivenwechsel, das heißt der Blick nach innen statt nach außen, für Irritation – später antwortete sie: »Ich kann gut organisieren und mit Zahlen umgehen.« Als Unternehmensberater bin ich es gewohnt, »blöde Fragen« zu stellen – viel zu groß ist die Betriebsblindheit auf Kundenseite und die Gefahr, etwas Offensichtliches zu übersehen. Durch diesen antrainierten Impuls hakte ich nach und fragte sie, was denn »organisieren« konkret bedeutet. Ich erhielt keine Antwort.

Es ist ein großer Unterschied, ob ich eine Familie, eine Feier oder eine Firma organisiere. Wenn unser Auswahlkriterium für unseren Job schon so oberflächlich ist, wie wahrscheinlich ist es dann, dass wir einen Job finden, den wir mögen, aber nicht lieben? Das beschäftigte mich, und ich fragte mich später: Wie sollen wir einen Job finden, in dem wir gut sind, ohne zu wissen, worin wir gut sind?

Um einen Job zu finden, in dem wir gut sind, sollten wir wissen, worin wir gut sind.

Claudius und der vermeintlich sichere Hafen

Claudius ist der Mitarbeiter eines früheren Kunden. Nach einer langen Studienzeit, vielen freiberuflichen Projekten und kurzen Ausflügen in das feste Angestelltenverhältnis bei verschiedenen Konzernen gelang es ihm bei seinem letzten Arbeitgeber nicht, über die Probezeit hinauszukommen. Plötzlich stand er ohne Job da. Wir trafen uns auf einen Kaffee. In diesem Ereignis versuchte ich einen gut gemeinten Wink des Schicksals zu erkennen: »Viele Menschen setzen sich mit persönlichen Fragestellungen nicht auseinander, weil ihnen die Zeit dazu fehlt – du bekommst nun viel Zeit geschenkt, um dir endlich zu überlegen, was du wirklich machen möchtest.«

Bei einem ausführlichen Gespräch über seine Vita zeigte sich, dass seine beruflichen Stationen von Rastlosigkeit und seine Perspektive von Orientierungslosigkeit geprägt waren. Sein Interesse an vielen unterschiedlichen Themen war ein Zeichen für innere Unklarheit. Die Anstellung in einem Konzern erschien ihm wie ein sicherer Hafen. Das Problem: So wie Schiffe nicht für den Hafen gebaut werden, gibt es Persönlichkeiten, die in keinen Großkonzern passen. In einem Konzern nicht zurechtzukommen, macht Claudius weder zu einem besseren noch zu einem schlechteren Menschen, aber bislang ignorierte er das Muster in seinem Leben, mit großen Organisationen nicht warm zu werden.

Bereits auf den ersten Blick unterscheiden sich die Arbeitsatmosphäre und das Arbeitsgefühl in einem Großkonzern von denen in einer NGO, einem Start-up, einer öffentlichen Organisation, einer Stiftung oder einem Familienbetrieb. Claudius erkannte, dass er sich aus irgendeinem Grund beweisen wollte, entgegen seinen eigentlichen Interessen in einem Konzern zurechtkommen zu können – alle anderen schafften das ja auch. Später fragte ich mich: Wie wollen wir uns beruflich entfalten, wenn wir in einem vermeintlich sicheren Hafen eine Identität ausleben, die unserer eigentlichen überhaupt nicht entspricht?

Bei einem Arbeitgeber eine Identität auszuleben, die unserer wirklichen Identität nicht entspricht, wird uns nicht erfüllen.

Warum der rote Faden wichtig ist

Diese drei Anekdoten zeigen, wie es ist, wenn wir den roten Faden in unserem Leben noch nicht gefunden haben. Wir suchen im Außen, was wir nur im Inneren finden können. Vor allem das berufliche Leben wird zu einem waghalsigen Blindflug, bei dem wir das Glück durch einen Zufallstreffer zu finden hoffen. Echte Erfüllung erleben wir aber nur dann, wenn wir selbst das Steuer übernehmen und uns fragen, wer wir sind, was wir können und warum wir auf dieser Welt sind – von innen nach außen. Anschließend können wir uns immer noch mit Gehalt, Standort oder Produkt- und Branchenbesonderheiten auseinandersetzen.

Ein Fußballprofi wie Philipp Lahm hätte sich auf der Position des Mittelstürmers nicht entfalten können, weil er die DNA eines Verteidigers in sich trägt. Und falls du Schuhgröße 41 hast, werden dir die Pumps in 39 nicht passen, egal wie schön du sie findest. Vielen Menschen fehlt ein Bewusstsein für ihre DNA – wir wollen zum Beispiel Tore schießen, obwohl wir dafür gemacht sind, sie zu verhindern. Wir wollen Schuhgröße 39 tragen, um irgendjemandem zu gefallen, dabei tun die Blasen an den Füßen ganz schön weh. Wenn wir nicht herausfinden, was wirklich zu uns passt, ist es also kein Wunder, dass viele von uns kurzsichtige Entscheidungen treffen, unglückliche Beziehungen führen und ihren Job aushalten oder gar mögen, aber nicht lieben.

Die Mär von der Work-Life-Balance gerät schnell ins Abseits, wenn wir uns an die Pinguin-Geschichte erinnern und uns bewusst machen, worin der eigentliche Balanceakt besteht: Wenn wir das, was wir sind, mit dem, was wir tun, in Einklang bringen, fühlt sich unser Leben rund an. Entschlüsseln wir unsere eigene DNA, finden wir unseren höchstpersönlichen roten Faden, der uns unterwegs als Filter dient, um Entscheidungen zu treffen, Beziehungen zu führen und Jobs zu finden, die zu uns passen.

Nicht die Work-Life-Balance ist wichtig – der eigentliche Balanceakt besteht darin, das, was wir sind, mit dem, was wir tun, in Einklang zu bringen.

Den roten Faden in seinem eigenen Leben zu erkennen, setzt einen gut strukturierten und intensiven Reflexionsprozess voraus – mit anderen Worten: eine gut vorbereitete Reise nach innen. Mein eigener Versuch, meinen Lebenslauf zu analysieren, führte im Lauf der Zeit dazu, dass mittlerweile verschiedene Tools und Techniken den Erkenntnisgewinn strukturieren und unterstützen. Die innere Entdeckungsreise darf ich inzwischen in Vorträgen aufgreifen und in Workshops professionell begleiten. Obwohl sich das Handlungsrepertoire nur in einer komprimierten Form in dieses Buch übertragen lässt, versuche ich die nächsten Abschnitte einfach und ergebnisorientiert zu gestalten. Da eine klare Sprache der beste Beweis für klare Gedanken ist, wird es schließlich auch darum gehen, die ersten Konturen des roten Fadens in wenigen und einfachen Worten herauszuarbeiten. Um dieses Ziel zu erreichen, folgen nun sechs weitere Kapitelabschnitte mit folgenden Inhalten:

1. Wir unternehmen eine mentale Zeitreise.
2. Wir betrachten unser Leben als Produktlebenszyklus.
3. Wir führen ein offenes Gespräch.
4. Wir lernen vom Igel.
5. Wir blicken über den Tellerrand.
6. Wir formulieren unseren roten Faden.

Bevor wir inhaltlich einsteigen, ist es Zeit für einen kleinen historischen Exkurs: Hast du dich schon einmal gefragt, woher eigentlich der Begriff des roten Fadens stammt? 1809 schrieb Goethe seine »Wahlverwandtschaften« und erfand darin die Metapher vom »roten Faden«. Das Bild wurde inspiriert von der englischen Marine, wo in das gesamte Tauwerk der königlichen Flotte, vom kleinsten bis zum größten Schiff, ein roter Faden eingebunden war. Diesen konnte man nicht herauswinden, ohne das Seil aufzulösen. Die Botschaft lautete: Der Krone gehört alles und die Krone verbindet das Ganze. Heute lassen sich überall rote Fäden entdecken – auch in unserem Leben.

Eine mentale Zeitreise unternehmen

Entwicklungspsychologen glauben, dass es sich positiv auf die Persönlichkeitsentwicklung auswirkt, wenn wir immer wieder mentale Zeitreisen in die Vergangenheit unternehmen – der Blick zurück kann also ein Schritt nach vorne sein. Dieser Abschnitt startet mit einer kleinen Aufwärmübung für die bevorstehende mentale Zeitreise. Vervollständige dafür die folgenden Halbsätze:

Mein Traumberuf als Kind war …

Besonders begeistert an diesem Beruf hat mich …

Als Kind war ich Feuer und Flamme für …

Mit jedem Tag füllen wir das Drehbuch unseres Lebens. Wenn wir uns die »dots«, von denen Steve Jobs spricht, also die Punkte unseres Lebensweges, vor Augen führen, denken wir schnell an prägende Erlebnisse, wie den ersten Kuss, die erste Kündigung oder das erste Kind. Vieles, was uns ausmacht, steht aber zwischen den Zeilen. Das kann eine vergrabene Erinnerung an den Traumberuf aus Teenagerzeiten, eine als irrelevant abgestempelte Erfahrung im zufällig besuchten Kalligrafie-Kurs oder die besonders prägende Meinung der Eltern, eines Chefs oder Lehrers sein.

Philipp erinnert sich beispielsweise nicht nur daran, dass er als Kind gerne Häuser zeichnete, sondern auch daran, dass er seinem Klassenlehrer einmal davon erzählte, später Architektur studieren zu wollen. Dieser entgegnete: »Architektur ist doch eine brotlose Kunst!«

Es sind »dots« wie diese, die uns Stück für Stück zu dem Menschen gemacht haben, der wir heute sind. Wenn wir beginnen, diese »dots« als Bodenschätze zu betrachten, brauchen wir nur noch das richtige Werkzeug, um sie zutage zu fördern. Doch zu glauben, dass derart tief liegende Erinnerungen auf Kommando ans Tageslicht kommen, wäre naiv. Das Gute ist: Die Erinnerungen als Grundlage des roten Fadens sind bereits da, es bedarf »nur« einer systematischen Fragetechnik, mit der wir unsere bereits gesammelte Lebenserfahrung aus der Tiefe heben können.

Dein Leben, betrachtet als Produktlebenszyklus

Was haben das iPhone X, der neue Audi A3 oder das aktuellste Modell des Thermomix mit unserem Leben gemeinsam? So wie auch jedes andere Produkt durchlaufen diese drei Dinge einen Reifeprozess. Du, ich und jedes andere Lebewesen sind zwar kein Ding, doch auch wir müssen durch diesen Prozess. Die sogenannte Produktlebenszeit beschreibt die Zeitspanne von der Herstellung (Geburt) bis zu dem Moment, in dem sich nichts mehr mit dem Produkt erwirtschaften lässt (Tod). Um den erzielbaren Umsatz, die Stärken und Schwächen der Produktpalette und das Verhalten von Kunden und Konkurrenz vorausschauend analysieren zu können, arbeitet man in der betriebswirtschaftlichen Praxis mit dem Konzept des »Produktlebenszyklus«. Raymond Vernon, Universitätsprofessor in Harvard, entwickelte 1966 ein Grundmodell, das fünf Phasen umfasst, die das Leben eines Produktes auf dem Markt vollständig beschreiben. Erkennst du bei der folgenden Erläuterung der fünf Phasen Parallelen zu deinem Werdegang?

Einführung: Das Unternehmen beginnt Werbung für ein neues Produkt zu machen. Obwohl der Umsatz langsam ansteigt, werden aufgrund der vorangegangenen Entwicklungs- und Herstellungskosten noch keine Gewinne erzielt. Diese Phase ist beendet, wenn der Break-even-Point – die Gewinnschwelle, an der Erlös und Kosten gleich hoch sind – erreicht ist.

Wachstum: Das Unternehmen macht erstmals Gewinn, aber die Kosten für Werbung, PR und Kommunikation sind noch immer hoch. Diese Phase ist durch ein starkes Wachstum gekennzeichnet.

Reife: Das Unternehmen genießt in dieser profitabelsten Phase einen hohen Marktanteil. Langsam beginnen die Gewinne zu sinken, weil die Konkurrenz zunimmt.

Sättigung: Das Unternehmen kann mit dem Produkt nicht weiterwachsen. Umsatz und Gewinne gehen zurück. Wenn die Gewinnschwelle wieder erreicht wird und kein Gewinn mehr erzielt werden kann, ist die Phase beendet.

Rückgang: Marktanteile gehen verloren, Gewinne sinken weiter und das Produkt wächst negativ. Wer hier nicht richtig und schnell handelt, produziert unnötige Kosten. Das Portfolio sollte bereinigt oder ein Relaunch des Produktes erwogen werden.

Der Brückenschlag aus der Betriebswirtschaft ins Leben verrät, dass jeder von uns die Merkmale einer Einführungs-, Wachstums-, Reife- oder Sättigungsphase kennt. Wenn wir also nicht bis zur Rente warten wollen, um rückblickend unsere »dots« zu »connecten«, warum betrachten wir unser bisheriges Leben nicht einfach als Reifeprozess und nutzen die fünf Phasen als strukturierte Herangehensweise, um unseren Lebenslauf und unsere Lebenserfahrung so vollständig wie möglich auf Muster und Zusammenhänge abzuklopfen?

> **Wir sollten nicht bis zur Rente warten, um die »dots« unseres Lebens zu »connecten«.**

Die fünf Phasen unseres Lebenszyklus

In diesem Abschnitt suchen wir sowohl nach positiven als auch nach negativen Erfahrungen und Entscheidungen, die unser Leben geprägt und uns schließlich zu dem Menschen gemacht haben, der wir heute sind. Beim Sammeln unserer Erinnerungen geht es nicht um die Bewertung und Einteilung in »richtig« oder »falsch« – alles, was uns einfällt, lässt sich verwerten. Als Gedankenstütze können wir einen Kalender, ein Tagebuch oder, wie bereits erwähnt, unseren Lebenslauf nutzen. Besonders hilfreich ist es, wenn wir uns Notizen machen – bei der Fülle an Fragen macht das auf einem separaten Blatt Papier Sinn. Das explizite Ausformulieren von Erinnerungen fördert den Reflexionsprozess.

Die Phase der Einführung

An welches Erlebnis aus deiner Kindheit erinnerst du dich besonders gut?

Wann hast du in deinem Leben etwas Neues begonnen? Versuche die Situationen so konkret wie möglich zu beschreiben.

In welchen Situationen musstest du dich durchbeißen? Beschreibe, wo dies gut und wo weniger gut geklappt hat.

Die Phase des Wachstums

In welchen Situationen hast du am meisten gelernt? Gehe bei der Beschreibung ins Detail: Wer war beteiligt? Was ist dir dabei besonders leichtgefallen?

Worauf bist du stolz? Wenn du konkret wirst: Welche Rolle spielen dabei andere Personen?

Wenn du an einen Tag in deiner beruflichen Laufbahn denkst, an dem du glücklich ins Bett gegangen bist – und anschließend an einen Tag, der frustrierend war: Worin unterscheiden sich diese beiden beruflichen Erfahrungen?

Welche Tätigkeit erfüllt dich so sehr, dass du ihr auch ohne Bezahlung nachgehen würdest?

Die Phasen der Reife und Sättigung

Denk an Menschen, die dich in deinem Leben gefördert haben. An welche deiner Eigenschaften haben diese Personen besonders geglaubt?

Was waren Wendepunkte in deinem Leben? Beschreibe, warum danach nichts mehr so war wie vorher.

Wo bist du in deinem Leben an Grenzen gestoßen? Beschreibe, was dir in diesen Situationen gefehlt hat.

Die Phase des Rückgangs:
Gibt es Tiefpunkte in deinem Leben, an die du dich besonders stark erinnerst? Beschreibe, wie dich diese Erfahrungen verändert haben.

Was motiviert dich oder muntert dich auf, wenn es mal nicht so rundläuft?

Wenn du deine Erinnerungen und Gedanken sorgfältig notiert hast, kannst du sie Revue passieren lassen. Meistens fällt dir dabei noch mehr ein – ergänze die Punkte einfach. Mithilfe der Reflexionsfragen hast du viele deiner Synapsen neu verknüpft, sodass dir erfahrungsgemäß in den nächsten Wochen tief liegende Erinnerungen »wie aus dem Nichts« einfallen werden.

Den Lebenszyklus interpretieren

Reflexion

Was fällt dir bei dem Blick auf deinen bisherigen Werdegang auf?

Gibt es etwas, was immer wieder vorkommt und sich wiederholt? Als Übung kannst du hier versuchen, dein Leben in drei Sätzen zusammenzufassen – der Fokus auf das Wesentliche hilft dir, prägende Muster in deinem Leben zu erkennen.

Notiere die Namen von drei Menschen, die du kennst und die aus deiner Sicht ein erfülltes Leben führen.

Horizonterweiterung, Teil 1: Ein offenes Gespräch

Wenn Borussia Dortmund gegen Bayern München spielt und beim Stand von 1:1 kurz vor Schluss ein Elfmeterpfiff ertönt, erkennt das Gros der einen Partei ein klares Foul und die Mehrheit der anderen Partei eine faire Abwehraktion. Das ist normal, denn unsere individuelle Wahrnehmung lässt jeden genau das sehen, was er gerne sehen möchte. Diese Form des unbewussten Selbstbetrugs, der die Wahrnehmung verzerrt und andere Ansichten ausblendet, ist ein psychologisches Phänomen und wird »confirmation bias« (Bestätigungsfehler) genannt. Da jeder von uns mehr oder weniger dazu neigt, seine eigenen Annahmen und Erwartungen zu bestätigen, gilt es, insbesondere bei Fragen rund um das eigene Selbstbild besonders vorsichtig zu sein.

Damit wir uns nicht nur in unseren eigenen Denkmustern bewegen und bei der Reflexion nur Gleiches vom Gleichen erkennen, bedarf es einer Perspektive von außen. Dabei hilft ein offenes Gespräch mit einer Person deines Vertrauens. Ziel ist es, unsere durch die fünf Phasen provozierten Erinnerungen und Gedanken mit jemandem zu teilen, der uns anschließend seine Wahrnehmung schildert. Als Gesprächspartner bieten sich die Personen an, denen du soeben ein erfülltes Leben zugeschrieben hast – mit welcher Person würdest du am liebsten über deinen Werdegang sprechen?

Diese Übung dient als bewusste Unterbrechung beim Lesen dieses Buches – beim Auffinden des roten Fadens kommt es nicht auf Schnelligkeit, sondern auf Tiefgang an. Wende dich an einen Gesprächspartner, der idealerweise neugierig und aufmerksam ist, geduldig zuhören kann und dein Gespräch vertraulich behandeln wird. Beachte dabei bitte Folgendes, um ein reibungsloses »Coaching«-Gespräch zu ermöglichen:

Deine Rolle als »Coachee«:
➤ Du erzählst davon, dass du den roten Faden deines Lebens finden möchtest und dabei auf Feedback, also eine andere Sichtweise, angewiesen bist.
➤ Du berichtest von deiner mentalen Zeitreise und gehst auf jede Erinnerung ein, die dir im Zusammenhang mit den fünf Phasen eingefallen ist.
➤ Wichtig: Rechtfertige dich nicht, beantworte Rückfragen ehrlich und gehe auch auf deine aus drei Sätzen bestehende Lebenszusammenfassung ein.

Die Rolle deines »Coachs«:
➤ Wie ein Detektiv neugierig zuhören und Rückfragen stellen.

⇒ Besonderheiten, Wiederholungen oder sonstige Auffälligkeiten des Lebenslaufes notieren.

⇒ Nichts bewerten und nicht von sich selbst erzählen.

Eure gemeinsame Aufgabe:

⇒ Auffallende Muster deines Lebens entdecken.

⇒ Die Zusammenfassung deines Lebens in drei Sätzen mithilfe der Perspektive eines Außenstehenden aktualisieren.

⇒ Auf positiv konnotierte Formulierungen achten (ein einfaches Beispiel: »Ich kämpfe gegen Hunger« vs. »Ich setze mich für den freien Zugang zu Nahrungsmitteln ein«).

Reflexion

Was hast du in diesem Gespräch Neues über dich und dein Leben gelernt?

In welchem Punkt ging eure Wahrnehmung am weitesten auseinander?

Vom Igel lernen

»Der Hase und der Igel« ist ein von den Brüdern Grimm aufgezeichnetes Märchen, in dem sich der Hase über die schiefen Beine des Igels lustig macht. Daraufhin fordert der Igel den Hasen zu einem Wettrennen über einen Acker auf, obwohl sein Gegner dank seiner langen Beine und Fähigkeiten wie Schnelligkeit und Stärke deutlich überlegen ist. Der Hase akzeptiert. Beim Start läuft der Igel nur ein paar Schritte und rollt sich dann zusammen – am Ende des Ackers hat er seine Frau platziert, die den Hasen stellvertretend in Empfang nimmt: »Ick bün all hier!« (Ich bin schon da!) Der Hase kann seine Niederlage nicht glauben und rennt zurück, noch schneller. Auf der anderen Seite empfängt ihn Herr Igel mit den gleichen Worten: »Ick bün all hier!« Beim 74. Versuch, den Igel endlich zu schlagen, fällt der Hase tot um.

Jim Collins, ein amerikanischer Managementexperte und Professor für Entrepreneurship, greift das Erfolgsprinzip des Igels in seinem Buch *Good to Great: Why Some Companies Make the Leap … And Others Don't* auf. Der Igel konzentriert sich auf eine zentrale Fähigkeit: sich zum Schutz einrollen. Collins erkannte im Rahmen seiner Forschung, dass sich gerade die erfolgreichen Unternehmen wie ein Igel verhalten – sie fokussieren sich stark auf eine Sache.

Aus dieser Erkenntnis leitete er das sog. »Hedgehog Concept« (Igel-Prinzip) ab, das sich aus drei sich überschneidenden strategischen Kernfragen ergibt. Unternehmensberater nutzen das Igel-Prinzip, um die Ausrichtung eines Unternehmens zu schärfen und den Grundstein für langfristigen Erfolg zu legen. Dabei geht es auch darum, zu lernen, Nein zu sagen und etwas nicht zu tun, was nicht zur strategischen Ausrichtung des Unternehmens passt.

Die Beantwortung strategischer Kernfragen hilft nicht nur Unternehmen, langfristig erfolgreich zu sein, sondern unterstützt auch uns, vom Igel zu lernen und Perspektive und Klarheit zu gewinnen. Die von Jim Collins formulierten drei Kernfragen lauten:

1. Was ist unsere wahre Passion?
2. Worin können wir die Besten werden?
3. Was ist unser wirtschaftlicher Motor?[14]

Übertragen wir diese für ein Unternehmen geltenden Fragen auf unser eigenes Leben, könnten sie lauten:

1. Wofür schlägt mein Herz?
2. Worin kann ich der Beste sein?
3. Wer ist mein Motivationsmotor?

Wofür schlägt mein Herz?

Um diese Frage beantworten zu können, würde uns der Glücksforscher Mihály Csíkszentmihályi nach den Flow-Momenten unseres Lebens fragen. Er würde herausfinden wollen, bei welchen Tätigkeiten wir Zeit und Raum vergessen. Er würde ergründen wollen, welche unserer Tätigkeiten selbstbelohnend ist, bei welcher wir also eine Belohnung durch andere mit Lob oder Geld nicht vermissen. Deswegen widmet sich die erste strategische Kernfrage dem, was du liebend gern tust. Die Halbsätze ebnen dir den Weg zu deiner Leidenschaft:

Am liebsten würde ich den ganzen Tag …

Eine kurze Geschichte: Ein junger Mann kommt zum Dorfältesten und bittet ihn, ihm zu helfen, erfolgreich zu sein. »Was sind deine Ziele?«, fragt der Alte und der junge Mann entgegnet: »Ich will reich werden.«»Wie reich?«, fragt der Alte weiter und die Antwort kommt schnell: »Ich will tausend Goldstücke besitzen.« Der Alte fragt weiter: »Was würdest du tun, wenn du tausend Goldstücke hättest?« Jetzt kommt der junge Mann ins Grübeln, schließlich sagt er: »Ich würde angeln gehen.« Woraufhin der Alte ihn etwas mitleidig ansieht und sagt: »Mein Sohn, um angeln zu gehen, brauchst du keine tausend Goldstücke.«

Was würdest du mit 1000 Goldstücken machen?

Wenn Geld keine Rolle spielen würde, dann würde ich …

Teil 1: Mein persönliches Beispiel

Du erinnerst dich daran, wie ich davon erzählte, dass ich, inspiriert durch die Rede von Steve Jobs, meinen Lebenslauf chronologisch auf prägende Muster untersuchte. Ich wollte nicht länger warten, sondern die Punkte in meinem Leben miteinander verbinden – dabei wurde ich fündig. Darauf möchte ich ein wenig ausführlicher eingehen.

Als ich acht Jahre alt war, bekamen wir als Grundschüler die Hausaufgabe, eine fünfseitige Geschichte über die Bundesjugendspiele zu schreiben. Ich schrieb über einen Jungen, der seine Leistungen mithilfe von Mitteln aus der Apotheke steigerte – am Ende war ein A5-Schulheft vollgeschrieben. Mit 14 Jahren sollten wir im Erdkundeunterricht einen acht- bis zehnseitigen Aufsatz über die Rallye Dakar verfassen. Ich schrieb über ein Pärchen, das vor wilden Tieren flüchten musste und bei einem schlagartigen Wasseranstieg in einem Wadi im Auto eingeschlossen war – am Ende war ein A4-Schulheft vollgeschrieben. Mit 17 Jahren erhielten wir im Deutsch-Leistungskurs die Aufgabe, eine einseitige Kurzgeschichte zu entwickeln. Ich schrieb über einen Auftragskiller, dessen nächster Auftrag sein bester Freund war – die Reaktion meiner Lehrerin: »Von wem hast du das abgeschrieben?«

Was für mich im Nachhinein offensichtlich ist, brauchte in Wahrheit viele Jahre, eine Bachelor-Thesis, ein 476 Seiten starkes Fachbuch und eine gezielte mentale Zeitreise, damit mir klar wurde, dass die Freude am Schreiben einen zentralen Bestandteil meines roten Fadens und damit eine meiner Leidenschaften darstellt.

Besonders entlarvend ist für mich die Erkenntnis gewesen, dass ich während größerer Schreibprojekte problemlos von 5:30 bis 22:00 Uhr an meinem Schreibtisch sitzen kann – wenn ich ins Bett gehe, freue ich mich schon wieder aufs Aufstehen, um weiterzuschreiben. Angenommen, du lernst einen Menschen kennen, mit dem du von morgens bis abends die Zeit genießt, egal was ihr macht, und du kannst es abends kaum erwarten, morgens wieder von vorne anzufangen – würdest du das nicht Liebe nennen? Meine Erkenntnis: Ich liebe es, zu schreiben.

Worin kann ich der Beste sein?

»Ich kann gut organisieren und mit Zahlen umgehen.« Erinnerst du dich noch an diese Aussage von Beate, die mühsam eine ganze Datenbank durchforstete, um dort ihren zukünftigen Arbeitgeber zu finden? Es ist ein großer Unterschied, ob ich eine Familie, eine Feier oder eine Firma organisiere – wer aber nicht konkret wird und nur behauptet, gut organisieren zu können, ist theoretisch für geradezu jedes Stellenprofil geeignet. Das ist alles andere als gut. Vergleichen lässt sich das mit einem Marketing-Leiter eines Shampoo herstellenden Unternehmens, der überzeugt ist, dass die Zielgruppe des Produktes jeder ist. Wer wäscht sich schon nicht die Haare?! Ein guter CEO aber würde sagen: Wenn unsere Zielgruppe jeder ist, dann haben wir keine. Der Shampoo-Hersteller darf nicht vergessen, dass allein die Preislage und das Aussehen des Produktes oder die Wahrnehmung der Marke einige Menschen als Zielgruppe ausschließen – ganz zu schweigen von Menschen mit Glatze. Wer in einer Werbekampagne jeden ansprechen will, wird die passende Zielgruppe nicht erreichen. Also: Wer seine Fähigkeiten so allgemein hält, dass er für jedes Stellenprofil geeignet ist, wird das passende Stellenprofil nicht finden.

Er ist achtfacher Olympiasieger, elffacher Weltmeister und Weltrekordhalter. Usain Bolt ist der größte Sprinter aller Zeiten. Sich als »Organisationstalent« zu beschreiben ist so, als wenn Usain Bolt behaupten würde, er sei ein schneller Läufer. Usain Bolt ist kein schneller Läufer, sondern ein Sprinter – auf der Distanz von 5 km würde er ohne explizites Training elendig versagen. Auch Sprinten ist nicht gleich Sprinten, denn es wird unterschieden zwischen den Distanzen über 50 m, 100 m, 200 m und 400 m. Bolt fühlt sich auf der 100-m-Strecke am wohlsten. Konkreter: Bolt ist nach eigener Aussage ein langsamer Starter, aber ab Meter 60 ist er auf 100 Metern unschlagbar – das lässt sich auf den Videoaufnahmen seiner Weltrekorde unmittelbar beobachten. Er weiß also um seine Stärken und um seine Schwächen. Training, Taktik und Tempo richten sich vollständig nach seiner 60-m-Marke aus.

Nun geht jeder Mensch den Pfad seines Lebens auf eigene Art und Weise – nur so entstehen bunte Biografien. Gleichwohl gibt es außergewöhnliche Persönlichkeiten, bei denen wir ein Muster entdecken können und an denen wir uns bei der Gestaltung unseres Lebens orientieren können. Eines dieser Muster lautet, sich bewusst darüber zu sein, was wir können und was nicht. Neu ist das nicht. Schon die zeitlose Inschrift des Apollotempels von Delphi forderte die Griechen auf: Erkenne dich selbst!

Was die Griechen schon lange wissen und ein Hochleistungssportler wie Usain Bolt auf seiner Laufbahn praktiziert, wirkt sich auch positiv auf die Laufbahn unseres privaten und beruflichen Lebens aus. Wenn ich weiß, was ich kann, wo meine 60-m-Marke liegt und in welchem Umfeld sich mein Können am besten entfaltet, schaffe ich mir ein Wissen, an dem ich mich orientieren kann. Damit lege ich die Grundlage für eine persönliche Perspektive, bei der ich mir selbst treu bleibe. Anschließend kann ich mich mit spannenden Stellenprofilen und sonstigen Rahmenbedingungen gezielt auseinandersetzen und die beste Entscheidung für meine berufliche Zukunft treffen.

Vervollständige die Halbsätze mit einem ehrlichen Blick auf deine Fähigkeiten und Defizite:

Mir fällt es leicht …

Andere Menschen bitten mich um Hilfe, wenn …

Was ich überhaupt nicht gut kann, ist …

Teil 2: Mein persönliches Beispiel

Ziel dieser zweiten strategischen Kernfrage ist es, unsere 60-m-Marke zu finden und zu beschreiben. Hilfreich ist dabei, sich die Situationen vor Augen zu führen, in der sich unsere Stärken zeigen, und sich Verständnisfragen zu stellen. Ich möchte wieder mein eigenes Beispiel aufgreifen:

Mir fällt es leicht, zu schreiben. Was zunächst wie eine Doppelung zur ersten strategischen Kernfrage aussieht (»Am liebsten würde ich den ganzen Tag schreiben«), ist nichts anderes als ein Hinweis darauf, dass diese Antwort nicht konkret genug ist. Ähnlich wie »organisieren können« lässt sich »schreiben« mithilfe von Verständnisfragen reflektierter konkretisieren.

Verständnisfragen:
Die Verständnisfragen helfen uns dabei, unsere Stärke vollständig zu beschreiben. In Hinblick auf die Umgebung, in der sich unser Pinguin bewegt, sollten wir vor allem unser Umfeld hinterfragen. Welche Rahmenbedingungen bringen unsere Stärken noch mehr zur Geltung und lassen unsere Schwächen weniger ins Gewicht fallen? Mit den folgenden W-Fragen lässt sich experimentieren: Wer? Was? Wann? Wo? Warum? Wie? Wozu? Worüber?

Was denn schreiben?
Wenn ich tiefer bohre, fällt mir auf, dass ich damit keine Lieder, Gedichte oder Postkarten meine, sondern Fließtexte. Als besonders prägend habe ich rückblickend die Momente in Erinnerung behalten, in denen ich Geschichten geschrieben habe.

Mit wem und wie denn schreiben?
Zusätzlich mag ich es, eigene Inhalte zu erschaffen und weniger über bereits bestehende Themen zu berichten. Gleichzeitig ist es mir wichtig, über Themen zu schreiben, die mir am Herzen liegen – dafür benötige ich Raum und Zeit zur Entfaltung. Eine journalistische Tätigkeit in einer Redaktion, wo es darum geht, anlassbezogene In-

formationen ressourceneffizient in eine zur pünktlichen Veröffentlichung geeignete Fassung zu bringen, wäre für meinen Pinguin eher ein Schritt in die Wüste.

Des Weiteren wurde mir klar, dass mir beim Schreiben immer die besten Ideen kommen. Manchmal habe ich nur ein grobes Konzept und fange einfach an – irgendwann flutscht es wie von selbst. Im Gegensatz zu anderen Situationen bin ich beim Schreiben sehr geduldig – ich kann eine lange Zeit am Feinschliff einer Passage arbeiten, ohne mich zu ärgern. Verlange von mir, dass ich dir ein Möbelstück aufbaue, und du lernst schnell das Gegenteil kennen.

Worüber denn schreiben?

Durch diese Frage wurde mir schlagartig klar, dass ich bislang über die falschen Themen geschrieben hatte. Meine wissenschaftlichen Arbeiten, publizierten Artikel und veröffentlichten Fachbücher hatten größtenteils betriebswirtschaftliche Inhalte. Obwohl mich das interessierte, schlug mein Herz nicht dafür. Diese Erkenntnis brauchte Zeit und eine Menge Ehrlichkeit, denn immerhin waren betriebswirtschaftliche Fragen seit vielen Jahren mein beruflicher Fokus. Durch die Arbeit an meinem roten Faden konnte ich aber die zahlreichen »dots« verknüpfen: die Kurse, die mir in der Uni am meisten Spaß gemacht hatten, die Texte, in denen ich am meisten aufgegangen bin, und die beruflichen Glücksmomente, die mir am stärksten in Erinnerung geblieben sind, waren die, in denen ich mich mit persönlichen Fragestellungen von Menschen auseinandersetzte.

Mein Fazit: Wecker um 5:30 Uhr, eine persönliche Fragestellung, mein Schreibtisch und ich – das ist meine 60-m-Marke.

Wer ist mein Motivationsmotor?

»If you want happiness for an hour, take a nap.
If you want happiness for a day, go fishing.
If you want happiness for a month, get married.
If you want happiness for a year, inherit a fortune.
If you want happiness for a lifetime, help someone else.«
(Chinesisches Sprichwort)

Persönlichkeitsentwicklung ist unentbehrlich, um die großen Fragen des Lebens für sich zu beantworten und Fortschritt zu erleben. Dennoch birgt die Arbeit an sich selbst eine große Gefahr: Wir riskieren zu vergessen, dass es noch andere Menschen gibt. Nicht ohne Grund hat Martin Luther King davon gesprochen, dass die Frage, was wir für andere tun, eine dringend zu beantwortende Frage ist. Unvergessen ist auch die Antrittsrede John F. Kennedys 1961, in der er die amerikanischen Bürger darauf hinwies, dass sie nicht fragen sollten, was das Land für sie tun kann, sondern, was sie für das Land tun können.

Für ein Unternehmen würde dieser Perspektivenwechsel bedeuten, dass die dritte strategische Kernfrage nicht mit kurzfristigen Profitmöglichkeiten beantwortet werden kann. Hier geht es nicht um »Geld scheffeln«, sondern um »Nutzen stiften« – nur dann ist auch ein Kunde bereit, Geld für die Leistung zu bezahlen. Übertragen auf unser Leben bedeutet dies, dass wir uns damit auseinandersetzen, wie wir anderen Menschen helfen und ihnen nützlich sein können. Was können wir (zurück)geben? Die folgenden Halbsätze dienen dir als Orientierung – behalte die Antworten auf die zwei ersten strategischen Kernfragen dabei im Hinterkopf:

Am liebsten helfe ich Menschen, die …

Ich bin besonders für Menschen von großem Nutzen, die …

Ich arbeite gerne mit Menschen, die …

Die Schnittmenge der drei Fragen

Jim Collins, der das Igel-Prinzip beschrieben hat, betont, dass die drei strategischen Kernfragen gleich stark berücksichtigt werden müssen, damit ein Unternehmen langfristig erfolgreich ist. Für unsere Situation bedeutet das, dass wir allen drei Fragen die gleiche Bedeutung zumessen. Wir erkennen, dass es Bereiche gibt, in denen sie sich überschneiden. Der Schnittpunkt, in dem die Fragen aufeinandertreffen, liefert uns den Schlüssel für ein erfülltes Leben. Also: Wofür schlägt mein Herz (lieben), worin kann ich der Beste sein (können) und was bin ich bereit, zurückzugeben (geben)?

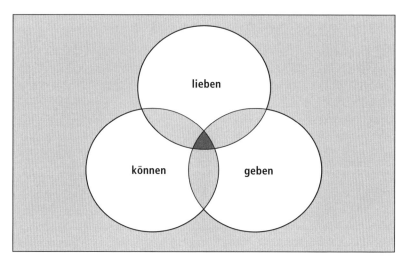

Abb. 8: Igel-Prinzip

Reflexion

Durch meine Fähigkeiten, Leidenschaften und Motivation bin ich insbesondere den Menschen eine Hilfe, die ...

Mit meinem Profil bin ich für die Lösung folgenden Problems prädestiniert ...

Für meine Fähigkeiten, Leidenschaften und Motivation würde derjenige bereit sein, Geld zu bezahlen, der …

Übrigens: Da die dritte Kernfrage des Igel-Prinzips auf den wirtschaftlichen Motor eines Unternehmens abzielt, können auch wir über Einkommensquellen nachdenken. Einkommensquellen lassen sich am ehesten dann finden, wenn wir erkennen, welches Problem wir lösen können. Ein Selbstständiger könnte so eine neue Kundengruppe erschließen und für einen Festangestellten könnte der Wechsel einer Abteilung infrage kommen.

Horizonterweiterung, Teil 2: Blick über den Tellerrand

Die Arbeit an und mit sich selbst ist anspruchsvoll. Selbsterkenntnis lässt sich nicht wie ein Liter Milch im Supermarkt in den Wagen legen, sondern erfordert Zeit, Commitment und ehrliches Engagement. Eins gilt es dabei immer zu beachten: Unsere individuelle Wahrnehmung lässt uns genau das sehen, was wir gerne sehen möchten – bei jeder Frage werden wir mit dem psychologischen Phänomen des »confirmation bias« konfrontiert. Nach der mentalen Zeitreise war es nötig, dem entgegenzuwirken – Gleiches gilt nach der Anwendung des Igel-Prinzips.

Im Unternehmenskontext lässt sich der »confirmation bias« mit dem Schlagwort Betriebsblindheit besser beschreiben. Weder Manager noch Mitarbeiter und Berater sind dagegen gewappnet. Man macht die Dinge so, wie sie schon immer gemacht wurden – das hat ja auch immer gut funktioniert. Betriebsblindheit ist kein Indiz für einen »schlechten Mitarbeiter«, sondern Ausdruck unserer Natur: Wir sind Gewohnheitstiere. Jedoch führt dieses Phänomen dazu, dass wir die eigenen Mängel und Fehler nicht mehr erkennen und der Blick für alternative Lösungswege versperrt ist. Das Ergebnis ist: mehr vom Gleichen – eine Garantie für wirtschaftliche Rückschläge und Nährboden für kostspielige Unternehmensberater, die sich mit neuen Ideen, Methoden und Strukturen auszeichnen können.

Während der Mitarbeiter im Unternehmen betriebsblind wird, kann der Mensch im Privaten auch lebensblind werden. Es passiert auch außerhalb des Jobs, dass wir gar nicht merken, wie groß die Scheuklappen unserer Denkweise sind. Typische Symptome: Wenn wir mit Problemen konfrontiert werden, geht uns auf vorschnellen Lösungswegen die Puste aus oder wir verlieren uns so tief in destruktiven Gedankengängen, dass die Dunkelheit, in die wir uns damit manövrieren, den letzten Hoffnungsschimmer auf einen Ausweg erstickt. Auch das führt zu mehr vom Gleichen. Was ein Unternehmen irgendwann teuer zu stehen kommt, kostet uns etwas viel Wertvolleres als Geld: Leidenschaft, Begeisterung und Lebensfreude.

Da Probleme bekanntlich nicht mit derselben Denkweise gelöst werden können, durch die sie entstanden sind, geht es in diesem Abschnitt darum, von den Ideen, Meinungen und Denkanstößen Dritter zu profitieren: Als CEO wirst du eine Umfrage durchführen.

Die Umfrage ist als Werkzeug in der Praxis von Unternehmen fest verankert. Der Vorteil: Umfragen können mit einer großen Anzahl von Personen durchgeführt werden und sind ein kostengünstiger Weg, um beispielsweise Ideen zu sammeln, die Bekanntheit einer Marke zu testen oder ein neues Produkt zu evaluieren. Der bekannteste Vertreter ist die Zufriedenheitsbefragung von Kunden und Mitarbeitern. Was bedeutet das konkret für unsere Situation?

Ab zum Tellerrand

Eine Umfrage sollten wir erst dann einsetzen, wenn wir uns bereits ausführlich mit einer Fragestellung auseinandergesetzt haben. Es ist nicht Sinn der Sache, die Arbeit zu delegieren und die Gedanken von anderen vorbehaltlos zu übernehmen. Deswegen stehen hier noch einmal die drei strategischen Kernfragen im Fokus, die wir bereits detailliert bearbeitet haben:

1. Was liebe ich?
2. Was kann ich?
3. Wer motiviert mich, etwas zurückzugeben?

Adressaten bestimmen

Überlege dir zunächst, wer zu deinem Anliegen einen konstruktiven Beitrag leisten und dich einschätzen kann. Hier ist es ratsam, Personen auszuwählen, die dich gut kennen. Es kommen also Personen aus deinem Familien-, Freundes- und Bekanntenkreis in Betracht. Es sollte dir auch bewusst sein, wessen Meinung du außen vor lassen möchtest – destruktive Bedenkenträger kannst du jetzt nicht gebrauchen.

Vorgehen festlegen

Es ist ein Unterschied, ob du ein persönliches Gespräch, einen kleinen Fragebogen, eine E-Mail mit Leitfragen oder die direkte Befragung einer kleinen Gruppe wählst – überlege dir, welche Umfragetechnik besser zu deinem Anliegen passt.

Erfahrungsgemäß hilft es, wenn sich die Befragten Zeit für ihre Antworten nehmen können und diese ausformulieren. Ein schriftlicher Fragebogen oder vorbereitete Leitfragen per E-Mail helfen den Befragten beim Denken und verbessern die Qualität deiner Rückmeldungen.

Inhalt entwickeln

Erfahrungsgemäß bieten sich die folgenden Fragen an. Betrachte sie als einen Entwurf – du kannst sie übernehmen oder ergänzen.

➡ Wie würdest du mich einer dritten Person beschreiben, wenn du gefragt wirst, worin meine Stärken liegen?
➡ Bei welchem Problem würdest du mich anrufen?
➡ Du darfst ehrlich sein: Was liegt mir im Unterschied dazu nicht?
➡ Wenn dir Erinnerungen oder sonstige Erlebnisse mit mir dazu einfallen, dann freue ich mich, wenn du diese mit mir teilst.
➡ Wobei blühe ich deiner Beobachtung nach am meisten auf? Also: Was könnte mein Element sein? Ich würde mich freuen, wenn du beschreibst, woran du das festmachst.
➡ In welchem beruflichen Umfeld könnte ich das am besten nutzen?
➡ Fallen dir passende Berufsbilder zu mir ein? Als was könntest du dir mich vorstellen?

Achte darauf, dass die Befragten ihre Einschätzung mit Geschichten untermauern. Eine Hintergrundstory ist lebhafter und informativer als die Aussage, dass jemand gut kochen kann.

Umfrage durchführen

Erläutere den Befragten den Kontext deines Anliegens: Da du auf der Suche nach dem roten Faden in deinem Leben bist, ist es unerlässlich, auch einen objektiven Blick auf dein Leben zu werfen. Wenn der Person etwas an dir liegt, wird sie sich freuen, dich dabei zu unterstützen. Versuche das Feedback von fünf bis acht Personen zu erhalten. Falls du die Umfrage per E-Mail durchführst, solltest du den Befragten ausreichend Zeit für ihre Rückmeldung geben. Das sollte dich aber nicht daran hindern, bei längerer Wartezeit höflich nachzufragen. Nur weil jemand nicht antwortet, heißt das nicht, dass er nicht antworten möchte.

Mit Schwächen umgehen

Richte dich auch darauf ein, dass du unbequeme Rückmeldungen erhältst, erst recht wenn du nach deinen Schwächen fragst. Obwohl du auf die Frage nach deinen Schwächen auch verzichten kannst, sind Schwächen ein Wegweiser zu deinen Stärken. Sie gehören zum Leben wie der Regenschauer zum Wetter. Nicht nur deine Fähigkeiten und Fertigkeiten machen dich einzigartig, sondern auch die Dinge, die du nicht kannst und bei denen du dich nicht wohlfühlst, unterscheiden dich von allen anderen. Eine Schwäche macht dich genauso wenig zu einem »schlechten« Menschen, wie eine Stärke dich zu einem »guten« Menschen macht. Du bist, wie du bist. Zu einer sorgfältigen Selbsterkenntnis gehören beide Seiten der Medaille.

Falls du dich dafür entscheidest, auch nach deinen Schwächen zu fragen, bietet sich damit die Chance, diesbezügliche Berührungsängste zu verlieren. Wenn du Frieden mit ihnen schließt, schließt du auch Frieden mit dir selbst. Wenn du noch einen Schritt weiter gehen möchtest, kannst du dich fragen, was das Gegenteil der genannten Schwäche ist – manchmal versteckt sich dort ein Hinweis auf eine deiner Stärken.

Erkenntnisse gewinnen

Du bist mutig! Wenn sich Selbst- und Fremdwahrnehmung in die Haare kriegen, gewinnt am Ende die Selbsterkenntnis. Sich Feedback zu persönlichen Fragestellungen einzuholen, ist kein einfacher, aber ein großer Schritt für mehr Klarheit im Leben. Wenn du also die Mehrheit der Rückmeldungen erhalten hast, kannst du sie auswerten. Vergleiche dafür das Ergebnis, das du aus der Arbeit nach dem Igel-Prinzip erhalten hast, mit den gesammelten Antworten aus der Umfrage.

Reflexion

Was hat dich am meisten überrascht?

Welche Einschätzung wiederholt sich immer wieder?

Welche Person hat sich besonders viel Mühe gegeben?

Eine Formulierung finden

Unter einer Straßenlaterne steht ein Betrunkener und sucht und sucht. Ein Polizist kommt daher, fragt ihn, was er verloren habe. Der Mann antwortet: »Meinen Schlüssel.« Nun suchen beide. Schließlich will der Polizist wissen, ob der Mann sicher ist, den Schlüssel gerade hier verloren zu haben, und dieser antwortet: »Nein, nicht hier, sondern dort hinten – aber dort ist es viel zu finster.«[15]

Diese Geschichte von Paul Watzlawick bringt auf den Punkt, worum es bei der Suche nach dem roten Faden in unserem Leben geht. Die Übungen und zahlreichen Reflexionsfragen sind Lichtkegel, die uns systematisch dabei helfen, an der richtigen Stelle zu suchen und auch die dunkelsten Ecken auszuleuchten.

Mit einer mentalen Zeitreise in deine Vergangenheit hast du zurückgeblickt, um einen Schritt nach vorne zu machen. Durch die fünf Phasen des Produktlebenszyklus konntest du deinen Werdegang auf prägende Erfahrungen ganzheitlich abklopfen und dich durch das Gespräch mit einer anderen Person offen über wiederkehrende Elemente deines Werdegangs austauschen. Anschließend hast du mithilfe des Igel-Prinzips begonnen, deine DNA, bestehend aus deinen Stärken, deiner Leidenschaft und dem, was du zu geben hast, zu entschlüsseln. Schlussendlich bist du durch eine Umfrage in deinem Bekanntenkreis Fallen der Eigenwahrnehmung auf die Schliche gekommen, weil du dich der Fremdwahrnehmung gestellt hast. Jetzt ist es an der Zeit, ein Zwischenfazit zu ziehen.

Reflexion

Wie ein roter Faden zieht sich durch mein Leben, dass ich …

Ich fühle mich wie ein Pinguin im Wasser, wenn ich …

Wenn ich einen Zeitungsartikel über meine Lebensphilosophie schreiben müsste, würde die Überschrift lauten:

Teil 3: Mein persönliches Beispiel

Zur Arbeit am roten Faden gehört schließlich auch das Ausformulieren in einfachen Worten – eine klare Sprache ist der beste Beweis für klare Gedanken. Deswegen ist es eine spannende Übung, die Vervollständigungen der letzten Reflexionsübung in ein bis zwei Sätzen zusammenzufassen. Ich möchte dafür mein eigenes Beispiel wieder aufgreifen:

Wie ein roter Faden zieht sich durch mein Leben, dass ich …
… ein sehr selbstbestimmtes Leben führe und so manches anders gemacht habe. Ich glaube, dass jeder die Chance verdient hat, der CEO seines Lebens zu sein. Als kleiner Junge habe ich Fußballtrainer gespielt und als Unternehmensberater später meinen Kunden dabei geholfen, Strategien zu entwickeln und Prozesse zu optimieren. In anderen ihr Potential zu wecken und sie Stück für Stück dabei zu begleiten, ein besseres Leben zu führen, ist fester Bestandteil meines roten Fadens.

Ich fühle mich wie ein Pinguin im Wasser, wenn ich …
… über persönliche Fragestellungen schreibe oder spreche. Deswegen schreibe ich dieses Buch, lerne in meinem Podcast die Erfolgsmuster von Andersmachern kennen oder helfe Unternehmen dabei, dass ihre Mitarbeiter gerne zur Arbeit gehen.

Wenn ich einen Zeitungsartikel über meine Lebensphilosophie schreiben müsste, würde die Überschrift lauten:
Thank God it's today! Wir sind zu mehr berufen, als uns das ganze Leben lang aufs Wochenende zu freuen.

Der rote Faden meines Lebens ist, dass ich über persönliche Fragestellungen schreibe und spreche. Da wir zu mehr berufen sind, als uns das ganze Leben lang aufs Wochenende zu freuen, wecke ich durch meine Bücher, meinen Podcast oder meine Workshops das Potential in anderen Menschen und begleite sie dabei, bessere Entscheidungen zu treffen.

Du wirst sehen, dass es nicht so einfach ist, von jetzt auf gleich eine eindringliche und einfache Formulierung zu finden. Hilfreich ist es, sich immer wieder zu fragen: Was heißt das konkret? Obwohl ich auch meine Formulierung noch als vorläufig betrachte, dient sie mir jetzt schon als Filter, um Entscheidungen zu treffen, Beziehungen zu führen und berufliche Opportunitäten zu finden, die zu meiner DNA passen. Erfahrungsgemäß macht es Sinn, deine Formulierung einfach auszuprobieren. Wenn du beispielsweise das nächste Mal jemanden kennenlernst, kannst du deinen roten Faden bei deiner Vorstellung mit einfließen lassen und gespannt sein, was passiert. Beim Aussprechen wirst du merken, welche Formulierungen sich rund anhören. Anfangs wird es sich holprig anfühlen, aber durch regelmäßiges Experimentieren kannst du die Formulierung deines roten Fadens sukzessive fein schleifen.

Der rote Faden meines Lebens ist …

Kurz innehalten

Drei Steinmetze arbeiten auf einer Baustelle. Ein Passant fragt sie danach, was sie tun.[16] Der erste Steinmetz räumt mürrisch Steine zusammen und sagt: »Ich verdiene meinen Lebensunterhalt.« Der zweite Steinmetz klopft mit wichtiger Miene auf seinen Stein, während er antwortet: »Ich liefere die besten Steinmetzarbeiten weit und breit.« Der dritte Steinmetz aber schaut den Fragenden ruhig und mit glänzenden Augen an und sagt: »Ich baue eine Kathedrale.« Wie antwortest du, wenn du gefragt wirst, was du beruflich machst?

Einen großen Teil unserer Lebenszeit verbringen wir in unserem Beruf. Die Bedeutung unserer Berufswahl wiegt noch schwerer, wenn wir berücksichtigen, dass selbst die Qualität unserer Freizeit häufig von den positiven und negativen Erfahrungen unseres beruflichen Umfeldes beeinflusst wird: So nehmen wir ein erfolgreiches Kundengespräch mit in den feuchtfröhlichen Feierabend oder den Ärger über einen Kommentar unseres Chefs mit zum wohlverdienten Wochenendausflug. Leider lässt sich häufig beobachten, dass Menschen sich montags schon auf Freitag freuen – das reicht fürs Überleben, aber nicht für ein erfülltes Leben.

Sich montags schon aufs Wochenende zu freuen, reicht fürs Überleben, aber nicht für ein erfülltes Leben.

Eine berufliche Tätigkeit, die uns entmutigt, bedrückt und sich wie eine Sackgasse anfühlt, ist ein großes Risiko – wie würde sich wohl ein Pinguin in der Wüste fühlen!? Ein berufliches Umfeld, das uns fördert, erfüllt und uns eine Perspektive bietet, bei dem wir das, was wir sind, mit dem, was wir machen, in Einklang bringen können, ist eine große Chance. Deshalb widmet sich der letzte Passus dieses Kapitels deinem Beruf.

Reflexion

Gehe zurück zu deiner mentalen Zeitreise: Das, was ich als Kind werden wollte oder gerne gemacht habe, hat mit meinem heutigen Beruf Folgendes gemeinsam …

Gehe zurück zum Igel-Prinzip: Meine Stärken kommen in meinem Job insofern zum Tragen, als dass ...

Hand aufs Herz: Zu wie viel Prozent passen dein roter Faden und deine berufliche Tätigkeit zusammen? Beschreibe für dich, an welchen Situationen du deine Einschätzung festmachst.

Zuletzt möchte ich einem Missverständnis vorbeugen: Wenn du beginnst, deinem roten Faden bewusst zu folgen, bedeutet das nicht, dass du zwangsläufig dein Leben umkrempeln musst. Niemand folgt zu 0 Prozent seinem roten Faden, da uns niemand zu unserer beruflichen Tätigkeit zwingt. Selbst hinter dem unglücklichsten Sachbearbeiter steckt ein Stück Freiwilligkeit. Und jede freie Entscheidung repräsentiert ein Stück unserer DNA – sonst würden sich die Punkte unseres Lebens im Nachhinein auch nicht verbinden lassen. So bedarf es bei jemandem, dessen roter Faden zu 40 Prozent mit seinem Job übereinstimmt, größerer Veränderungen als bei jemandem, dessen »Lebenslücke« nur 20 Prozent beträgt.

Philipp beispielsweise, der als Kind gerne Häuser zeichnete und dessen Klassenlehrer den Beruf des Architekten als brotlose Kunst bezeichnet hatte, hat zehn Jahre lang in einem Großkonzern gearbeitet. Obwohl er sich vom Sachbearbeiter bis zum Vorstandsassistenten hocharbeitete, änderte das nichts daran, dass seine DNA nicht zu seinem Beruf passte. Mittlerweile hat er zwar nicht Architektur studiert, aber sich als Immobilienmakler selbstständig gemacht. Beim Zeichnen von Grundrissen fühlt er sich an seine Kindheit erinnert. Die Schritte meines Pinguins waren nicht ganz so groß wie die von Philipps Pinguin: Mein mit Betriebswirtschaft beschäftigter Pinguin hatte als Autor und Berater zwar das Wasser gefunden, stand aber noch am Ufer – es fehlten nur noch wenige Schritte. Mit der Entscheidung, mich verstärkt persönlichen Fragestellungen zu widmen, brachte ich sie hinter mich, sprang und begann zu schwimmen.

4. DIE INNERE STIMME WAHRNEHMEN

Steven Spielberg erzählte einmal auf einer Preisverleihung, warum er Filmregisseur geworden ist.[17] Als er mit sechs oder sieben Jahren mit seinem Vater das erste Mal in einem Kino saß und in den 50er-Jahren »The Greatest Show on Earth« von Cecil DeMille sehen durfte, war er elektrisiert bis in die Haarspitzen. Besonders eine mit Effekten gespickte Szene, in der es zu einem katastrophalen Zugunfall kommt, ließ ihn nicht mehr los. Als er wieder zu Hause war, wollte er die Szene nachstellen und wünschte sich von seinem Vater einen elektrischen Zug. Nachdem er den bekommen hatte, wünschte er sich einen weiteren. Dann konnte es losgehen.

Er begann, die Züge ineinanderfahren zu lassen, um die Begeisterung, die er im Kino erlebt hatte, erneut zu spüren. Problematisch war, dass die Züge dabei regelmäßig kaputtgingen. Als Spielbergs Vater ein weiteres Mal einen Zug reparieren musste, warnte er seinen Sohn, dass dies das letzte Mal sei. Der kleine Spielberg musste sich etwas Neues einfallen lassen und wurde auf eine 8-mm-Kamera im Wohnzimmer aufmerksam, die ihn zuvor nicht interessiert hatte. Er hatte eine Idee: Was wäre, wenn er einen kleinen Film von dem Zusammenstoß drehen könnte, um sich die Szene endlos anschauen zu können?

Steven Spielbergs erster Film zeigte den Zusammenstoß seiner elektrischen Züge – der Grundstein für einen einzigartigen Werdegang war gelegt. Wissbegierig wollte er danach herausfinden, was er mit dieser Kamera noch alles anstellen könne. Als Pfadfinder drehte er einige Jahre später einen kleinen Cowboy-Film, bei dem andere Pfadfinder und Familienmitglieder mitwirkten. Den Freitagabend, an dem er ihnen den Film zeigte, wird er nie vergessen: Sein Publikum lachte, klatschte, johlte und hatte Spaß daran, sich als Cowboys im wilden Westen inszenieren zu lassen. »I was on fire«, erinnert sich Spielberg, und für ihn war klar, dass er ohne ein solches Feedback nicht leben wollen würde.

Doch das Leben hat seine eigenen Gesetze. Spielberg bewarb sich zwei Mal um ein Filmstudium und wurde jedes Mal abgelehnt, obwohl er im Alter von 13 Jahren mit einem 40-minütigen Kriegsfilm bereits einen Wettbewerb hatte gewinnen können. Auf Anraten seines Vaters studierte er stattdessen englische Literatur. Nebenher forcierte er seine Tätigkeit als Regisseur. Das klappte so gut, dass er sein Studium abbrach. Der Grund? Hollywood!

Mit 22 Jahren ergriff er die Chance, im Herzen der Filmindustrie zu arbeiten, um mit dem Film *Der Weiße Hai* seinen ersten kommerziellen Erfolg zu feiern. Zu dem Zeitpunkt war Spielberg 29 Jahre alt. Das »Wunderkind«, wie er früh in Hollywood genannt wurde, wurde mit Filmen wie *Krieg der Sterne*, *Jurassic Park*, *Schindlers Liste* oder *Soldat James Ryan* weltberühmt – und im Jahr 2002, 37 Jahre nach seiner Immatrikulation, schloss er sogar noch sein Studium ab.

Spielberg betont, dass er keine andere Wahl gehabt habe, als seinen Traum vom Filmregisseur zu leben. Rückblickend sagt er, dass ein solcher Traum uns nicht ins Gesicht schreie: »Das bist du! Das ist deine Berufung für dein restliches Leben!« Stattdessen flüstern Träume und verfolgen uns auf Zehenspitzen, genauso wie unser Instinkt und unsere Intuition. Seinen Kindern hat er schon häufig gesagt, dass es die größte Herausforderung sei, diese Stimmen der Intuition wahrzunehmen. Als Hilfestellung hebt er hervor, dass unsere innere Stimme nicht mit unserem Gewissen zu verwechseln sei: »Unser Gewissen ruft uns zu, was wir tun *sollten*, während unsere Intuition uns zuflüstert, was wir tun *könnten*.«[18]

Unser Gewissen ruft uns zu, was wir tun *sollten*, während unsere Intuition uns zuflüstert, was wir tun *könnten*.

In diesem Kapitel geht es nicht darum, uns ambitionierte Ziele zu setzen. Es geht darum, Träume zu sammeln und Bilder für unsere

Zukunft zu malen. Es geht auch nicht darum, ausgefeilte Pläne zu entwerfen, sondern darum, unserer inneren Stimme zu lauschen und uns zu fragen, was wir alles tun könnten.

Unser Radar einschalten

Die Gespräche zwischen Fluglotse und Pilot liefern so manchen humoristischen Leckerbissen:

Tower: *»Um Lärm zu vermeiden, schwenken Sie bitte 45 Grad nach rechts.«*
Pilot: *»Was können wir in 35 000 Fuß Höhe schon für Lärm machen?«*
Tower: *»Den Krach, wenn Ihre 707 mit der 727 vor Ihnen zusammenstößt!«*[19]

Damit Flugzeuge nicht nur pünktlich starten, sondern vor allem auch sicher landen, werden in der Flugsicherung sog. Impulsradargeräte eingesetzt – bei großer Reichweite funktionieren diese am zuverlässigsten. Das Prinzip ist einfach: Das Radargerät sendet einen Impuls aus und wartet auf ein Echo. Auf diese Weise kann über die gemessene Zeit die Entfernung eines sich nähernden Flugzeugs oder einer Wolkenfront festgestellt werden. Obwohl es in unserem Leben keinen Fluglotsen gibt, der uns per Funk dabei hilft, den Irrungen und Wirrungen des Lebens auszuweichen, übertragen wir für unseren nächsten Schritt das Prinzip des Radargerätes auf unser Leben: In diesem Abschnitt sendet ein System an Reflexionsfragen Impulse in drei unterschiedliche Richtungen aus und wartet auf das Echo unserer Ideen und Antworten, damit wir unsere Lebensträume zu Papier bringen können – unsere Träume sollten genauso wenig in der Luft zerschellen wie zwei Flugzeuge.

Lebensträume auf dem Radarbildschirm

Das Lebensradar ist an den Traumplan von Timothy Ferriss[20] angelehnt und setzt sich aus neun Feldern und zwei Dimensionen zusammen. Die erste Dimension stellt einen zeitlichen Horizont von kurz- bis langfristig dar; was unter kurz- bis langfristig zu verstehen ist, kannst du für dich selbst definieren (beispielsweise könntest du die Differenzierung <1 Jahr, <3 Jahre und >3 Jahre wählen). Die zweite Dimension unterteilt deine Zukunft in drei Rubriken.

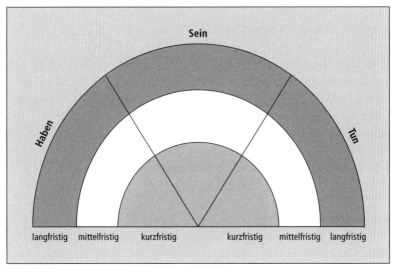

Abb. 9: Lebensradar

Was würde ich gerne haben? Hier sammelst du deine materiellen Träume, denen du einen hohen Stellenwert beimisst. Das kann ein Haus am Strand, ein spezielles Auto oder ein Kleidungsstück sein.

Was würde ich gerne sein? In dieser Rubrik führst du auf, ob du zum Beispiel gerne ein Autor, Mentor für Kinder aus schwierigen Familienverhältnissen oder ein ausgebildeter Fußballtrainer sein würdest.

Was würde ich gerne tun? Hier geht es um alles, was du gerne einmal tun würdest. Das könnte ein First-Class-Flug im A380, ein Bungee-Jump von der Victoria-Falls-Brücke zwischen Simbabwe und Sambia oder ein Abendessen mit Bill Gates sein.

Idealerweise nimmst du dir ein Blatt Papier und beginnst Ideen zu sammeln, ohne dir Gedanken darüber zu machen, wie deine Träume umgesetzt werden könnten – am besten stellst du dir vor, du hättest jeden Tag 10 Mio. Euro auf dem Konto. Vorbilder sind besonders dafür geeignet, Impulse für weitere Ideen zu setzen: Wofür steht dein Vorbild? Was macht dein Vorbild zu deinem Vorbild? Anders gefragt: Was hat, ist und tut dein Vorbild?

Fülle dein Lebensradar von links nach rechts aus und nimm dir Zeit für diese Brainstorm-Technik. Natürlich kann es bei manchen Fragen einige Zeit dauern, bis ein Echo wahrzunehmen ist. Dein Supercomputer im Kopf, dein Gehirn, wird aber auf Hochtouren arbeiten, um Antworten zu finden. Falls dir partout nichts einfällt, überlege dir, was du auf *keinen Fall* haben, sein oder tun möchtest – und dann schreibe anschließend das Gegenteil davon auf.

Ein innerer Türöffner

Manchmal fällt es uns schwer, aufzuschreiben, was wir haben, sein oder tun möchten. Das kann daran liegen, dass wir zu negativ denken und uns keine positiven Erfahrungen, geschweige denn die Verwirklichung unserer Lebensträume, mehr zutrauen. Um uns von destruktiven Gedankengängen zu befreien, können wir als CEO die Technik der Problem-Ziel-Drehung anwenden.

Diese Methode lebt zum einen davon, dass es uns leichter fällt, unsere Probleme (statt unsere Chancen) zu sehen, und zum anderen von der Idee, dass in jedem Problem indirekt auch ein Ziel steckt. So kann ein Unternehmer in einer Kundenbeschwerde eine Goldgrube entdecken, wenn er daraus die richtigen Schlüsse für den Kundenservice oder die Produktentwicklung zieht. Übertragen auf eine persönliche Fragestellung nach dem richtigen Job könnte man sagen: Wenn wir feststellen, dass uns der Verwaltungswahn und die ausufernde Administration einer Konzernorganisation in den Wahnsinn treiben, ließe sich daraus das Ziel ableiten, dass wir einen Job mit weniger Verwaltungsaufwand oder, positiv formuliert, mit mehr Gestaltungsspielraum finden. In einem Start-up oder einem dynamischen kleinen mittelständischen Unternehmen wird dies eher der Fall sein.

Bei der Technik der Problem-Ziel-Drehung können wir uns einmal so richtig auslassen, was wir alles nicht haben, nicht sein und nicht tun wollen. Unsere innere Tür öffnet sich dann, wenn wir in unseren Problemen auch unsere Ziele und Bedürfnisse erkennen. Vervollständige zunächst die Halbsätze in der linken Spalte und übertrage dann die Inhalte in eine positiv formulierte Zielsetzung. Die ersten drei Zeilen habe ich exemplarisch ausgefüllt.

Problem-Ziel-Drehung

Problem	Ziel
Was ich nie wieder haben möchte, *ist ein undankbarer Kunde.*	*Mehr auf das Bauchgefühl hören und in Zukunft lernen, Nein zu sagen.*
Ich möchte nie wieder *unpünktlich sein.*	*Pünktlichkeit lernen: Uhr kaufen, Erinnerungen in den Kalender einstellen und Strafen definieren.*
Was ich am liebsten nie wieder tun würde, *ist, nachts zu arbeiten.*	*Job mit geregelten Arbeitszeiten und ohne Schichtdienst finden.*
In meinem Leben finde ich es am schlimmsten (…).	(…)
Ich hasse es (…).	(…)

Lebensradar interpretieren

Lust auf einen kleinen Exkurs? Wenn du bei Google »Jeff Bezos 1999« eingibst, erhältst du als erste Treffer ein paar Fotos von einem Herrn mit lichtem Haar, der an einem nicht sehr ästhetischen Schreibtisch sitzt. Das winzige Büro ist spartanisch eingerichtet und wirkt nicht sehr einladend – wahrscheinlich ist es besser, dass die Jalousien geschlossen sind. Auf dem Fußboden liegt verstreut Zeug herum, und anscheinend hatte er keine Zeit, um Bilder aufzuhängen – die stehen nämlich auf der Fensterbank. Aber das, was sofort ins Auge sticht, ist ein großes weißes Plakat an der Wand, auf dem in Graffiti-Schrift »amazon.com« geschrieben steht. Der Herr mit lichtem Haar trägt heute Glatze und ist der reichste Mann der Welt – Amazon-Gründer Jeff Bezos. Führe dir dieses Bild vor Augen, wenn du als CEO deines Lebens das nächste Mal an deinen Träumen zweifelst.

Reflexion

Die drei Träume, die mir am meisten am Herzen liegen, sind …

Was muss ich tun, um das zu sein, wovon ich träume? Übersetze nun jeden Traum aus der Kategorie »sein« in eine Tätigkeit oder Aufgabe. Träumen ist in Ordnung, solange wir bereit sind, anzupacken.

»I dream for a living.« So hat Steven Spielberg einmal seinen Beruf als Filmregisseur umschrieben. Unsereins würde wohl schon glücklich sein, wenn er behaupten könnte: »I live my dream.« Ich bin neugierig: Gibt es eine Stimme in deinem Leben, die dir schon lange zuflüstert, was du aus deinem Leben machen könntest? Was sagt sie?

Abschließend kannst du aus deinem Lebensradar ein »Mood Board« machen, indem du Bilder findest, die deine wichtigsten Träume visualisierst, und sie so in deiner Umgebung platzierst, dass immer wieder dein Blick auf sie fällt. Stell dir vor, wie inspiriert du sein wirst, wenn du deine Träume jeden Morgen nach dem Aufstehen und jeden Abend vor dem Zubettgehen vor Augen hast. Die Pinnwand über meinem Schreibtisch kann ich mir nicht mehr ohne vorstellen.

Aufs offene Meer hinaus

»Lege das Glück in die Hände des Himmels«, lautet die Übersetzung von »Nintendo«, dem japanischen Elektronikhersteller, der durch Super Mario und den Gameboy weltbekannt wurde. Im Jahr 2006 lag das Glück wohl eher in den Händen der Produktentwickler und Strategieexperten denn im Himmel: Nintendo zog sich aus einem erbitterten Wettbewerb mit der PlayStation von Sony und der Xbox 360 von Microsoft zurück, da die technische Unterlegenheit des japanischen Konkurrenzproduktes zu groß war. Stattdessen wurde die »Wii«, eine Spielkonsole mit neuem Steuerungskonzept und neuer Zielgruppe, entwickelt. Nintendo schuf mit begeisterten älteren Menschen, Frauen und jüngeren Kindern einen neuen Markt und lancierte eines der erfolgreichsten Produkte der Firmengeschichte. Wie war das möglich?

Mithilfe der Blue-Ocean-Strategie. Mit ihr werden mentale Modelle, unterschwellige Grundannahmen und etablierte Regeln eines Marktes hinterfragt. Beispielsweise hat Nintendo das ungeschriebene Erfolgsgesetz »Der Erfolg einer Spielkonsole ist abhängig von ihrer Technologie« radikal auf den Kopf gestellt, indem der Spaßfaktor und eine neue Form der Interaktion in den Fokus gerückt wurden. Hinsichtlich ihrer technischen Eigenschaften, wie Grafik und Rechenleistung, zählte die Wii nicht zur Spitzentechnologie.

Ziel dieses »Regelbruchs« ist es, Innovation zu ermöglichen, um ein profitables Geschäftsmodell zu entwickeln. Es geht darum, einen »blauen Ozean« zu finden – dieser steht für einen unberührten und wettbewerbslosen Markt. Dagegen stellen die »roten Ozeane« gesättigte Märkte und »blutige« Kämpfe der Mitbewerber dar, wo jedes Unternehmen nahezu das gleiche Produkt anbietet.

Auch in unserem Leben gibt es rote und blaue Ozeane: Wenn du keine gute Beziehung zu deinen Eltern hast und jedes Familientreffen in einem Fiasko endet, dann kostet dich das viel Energie und würde einen roten Ozean darstellen. Falls deine Familie aber ein sicherer Rückzugsort ist, wo du offen über deine Probleme sprechen kannst und den bedingungslosen Rückhalt von Eltern und Geschwistern spürst, würde es sich um einen blauen Ozean handeln. Mit anderen Worten: Ein roter Ozean ist ein dickes Minus und ein blauer Ozean ein fettes Plus in deinem Leben.

Um ein Minus in ein Plus zu verwandeln, macht es auch für uns Sinn, mentale Modelle, unterschwellige Grundannahmen und etablierte Regeln zu hinterfragen. Das profitable Geschäftsmodell der Nintendo-Wii dient uns im Folgenden als Orientierung, denn auch bei uns kommt es auf Innovationen an, um positive Veränderung zu erleben.

Ausgangslage berücksichtigen

Die Anwendung der Blue-Ocean-Strategie basiert auf einer sorgfältigen Analyse der Ausgangslage. Auch Nintendo wagte einen ungeschönten Blick auf die Wettbewerbssituation und erkannte, dass die Konkurrenz technisch bei Weitem überlegen war – erst diese selbstkritische Einsicht ermöglichte ein Denken, das strategische Alternativen zuließ. In deinem Leben gibt es zwar keine Konkurrenten zu berücksichtigen, doch wir können uns die Ergebnisse deiner Potentialanalyse zunutze machen. Du erinnerst dich: 15 Bereiche deines Lebens hattest du ausführlich auf den Prüfstand gestellt, um die Wertschöpfung und die Potentiale darin zu analysieren.

Die Bereiche deines Lebens waren:
Karriere, Finanzen, Perspektive, Fortschritt, Selbstentwicklung, Spiritualität, Hobbys, Muße, Entertainment, Fitness, Gesundheit, Schlafen, Familie, Freunde und Liebe.

Blaue und rote Ozeane finden

Für jeden Bereich unseres Lebens gilt es, alternative Handlungsoptionen oder Ideen für Veränderungen zu sammeln. Es geht (noch) nicht darum, die Optionen und Ideen auszuarbeiten und an die Umsetzung zu denken. Wenn du dich also gesünder ernähren und regelmäßig kochen möchtest, brauchst du dir noch nicht zu überlegen, von welchem Bauern du zukünftig Obst und Gemüse kaufst und welchen Dampfgarer du dir anschaffen solltest.

Den Kern der Blue-Ocean-Strategie bilden vier Fragen, um den Status quo des zu prüfenden Lebensbereichs kritisch zu hinterfragen. Anhand der Beispiele wird das Prinzip deutlich:

1. Was könntest du **eliminieren**?
   (Entertainment: keine Serien mehr schauen)

2. Was könntest du **neu entwickeln**?
   (Fitness: Yoga ausprobieren)
3. Was könntest du **ausbauen**?
   (Finanzen: nicht 50 €, sondern 100 € pro Monat anlegen)
4. Was könntest du **reduzieren**?
   (Hobbys: nur noch 1× im Monat feiern gehen)

Übertrage die Abbildung der vier Antwortmöglichkeiten auf ein separates Blatt Papier und blättere zurück zu deiner Potentialanalyse.
Führe dir noch einmal vor Augen, was mit welchem Lebensbereich
gemeint ist. Nimm dir dann deine Auswertung zur Hand, beginne mit
dem Lebensbereich, der den niedrigsten Wert hat, und stelle dir die
vier Leitfragen. Während du einen Bereich nach dem anderen durcharbeitest, wird dir einmal mehr und einmal weniger dazu einfallen.
Wundere dich nicht, das ist ganz normal.

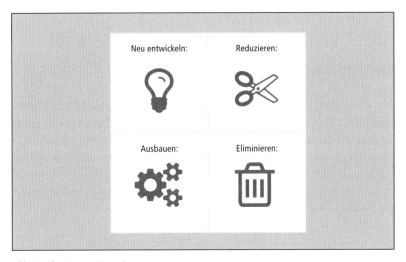

Abb. 10: Blue-Ocean-Strategie

Übrigens: Das Prinzip der Blue-Ocean-Strategie lässt sich auch bei der
Überprüfung deiner Beziehungen einsetzen. Bei der Arbeit mit der
Stakeholder-Analyse hast du dich der Frage gestellt, was du in Zu-

kunft für die Beziehung tun kannst – experimentiere doch einmal mit den vier Fragen: Was kann ich neu entwickeln, reduzieren, ausbauen oder eliminieren, damit sich die Qualität der Beziehung verbessert? Durch konkrete Fragen lassen sich häufig konkrete Antworten finden.

Blue-Ocean-Strategie reflektieren

»Happy people plan actions, they don't plan results.« Das treffende Zitat vom amerikanischen Motivationsredner Denis Waitley unterstreicht die Bedeutung der Blue-Ocean-Strategie: Um aus einem roten einen blauen Ozean zu machen, braucht es Mut und Ideen zur Veränderung (»plan actions«).

Reflexion

Die größte positive Veränderung für mein Lebensgefühl erreiche ich durch …

Mein größtes Reservoir für Lebenslust und Lebensfreude ist …

Durch die Blue-Ocean-Strategie habe ich gelernt, dass …

Berufliche Wachstumspfade erkunden

Harry Igor Ansoff aus Wladiwostok – der Name klingt nach einem russischen Großmeister im Schach, tatsächlich aber war sein Träger ein Großmeister der Mathematik und Begründer des strategischen Managements. Mit der berühmten Ansoff-Matrix, auch Produkt-Markt-Matrix genannt, verewigte er sich in der Welt des Managements. Die Matrix betrachtet die Potentiale und Risiken bei der Produktvermarktung und unterstützt die Unternehmensführung bei der Bewertung und Planung von Wachstumsstrategien. Vereinfacht gesagt: Dieses Werkzeug verdeutlicht, warum ein Unternehmen wo wachsen kann und wie sich das Wachstum realisieren lässt – ein Muss für jeden CEO.

	Bestehende Produkte	Neue Produkte
Bestehender Markt	Marktdurchdringung	Produktentwicklung
Neuer Markt	Marktentwicklung	Diversifikation

Abb. 11: Produkt-Markt-Kombinationen nach der Ansoff-Matrix

Marktdurchdringung: Das Unternehmen wächst im bestehenden Markt mit bestehenden Produkten weiter. Beispiel: Der Babynahrungshersteller Hipp besitzt mit seinen »Dauerbrennern«, den Beikost-Gläschen, einen großen Anteil des bestehenden Marktes.

Produktentwicklung: Durch eine Produktinnovation verspricht sich ein Unternehmen, zusätzliche Bedürfnisse einer bestehenden Kundengruppe zu befriedigen. Beispiel: Porsche etablierte sich mit einem neuen Produkt, dem SUV Cayenne, auf dem bestehenden Markt für Geländewagen.

Marktentwicklung: Das Unternehmen erschließt mit erfolgreichen Produkten zusätzliche Märkte. Beispiel: Der Spirituosenhersteller Jägermeister bleibt seinem Produkt seit jeher treu und expandiert sukzessive in die ganze Welt: In den letzten Jahren folgten der erfolgreichen Expansion in die USA auch die nach Russland und China.

Diversifikation: Das Unternehmen entwickelt ein neues Produkt für einen neuen Markt. Beispiel: Der japanische Mischkonzern Yamaha ist nicht nur für Motorräder, sondern auch für Musikinstrumente bekannt.

Was haben die Geschäftsstrategien von Jägermeister und Yamaha mit unserem Leben zu tun? Am Ende des dritten Kapitels haben wir uns gefragt, was unser heutiger Job mit unserem Kindheitstraum zu tun hat, inwiefern unsere Stärken in unserem Beruf zur Geltung kommen und zu wie viel Prozent unser roter Faden mit unserer beruflichen Tätigkeit übereinstimmt. Der Transfer der Ansoff-Matrix eignet sich vor allem für diejenigen, die in ihrem Job unzufrieden sind, keine berufliche Perspektive erkennen können und ihre Talente in ihrer Karriere bislang nicht entfalten konnten. Wenn es dir so ergeht, du aber keine konkrete Idee hast, was du daran ändern könntest, ist dieser Kapitelabschnitt für dich gemacht – mehr persönliche Strategieentwicklung geht nicht.

Die Ansoff-Matrix eignet sich vor allem für diejenigen, die in ihrem Job unzufrieden sind, keine berufliche Perspektive erkennen können und ihre Talente in ihrer Karriere bislang nicht entfalten konnten.

Vorbereitungen treffen

Im Zentrum der Ansoff-Matrix steht die Frage, welche Unternehmensstrategie das größte Wachstum verspricht. In unserem Fall nutzen wir sie, um zu erkunden, welche deiner beruflichen Veränderungen das größte Wachstum versprechen. Da du mit der Arbeitsweise eines Unternehmensberaters mittlerweile vertraut bist, wird es dich nicht verwundern, dass wir mit einem Blick auf deinen jetzigen Job beginnen. Bevor du etwas an deinem Job veränderst, macht es Sinn, dir im Klaren darüber zu sein, worin dein Job besteht, was ihn ausmacht. Das Beispiel von Daniela, der Flugbegleiterin, wird uns für die restlichen Kapitel immer wieder als Inspiration dienen.

Was machst du beruflich?
(Beispiel Daniela: Flugbegleiterin)

Ich werde dafür bezahlt, dass ich ...
(... Menschen bei ihrer Reise begleite und dafür Sorge trage, dass sie sich sicher und gut versorgt an Bord fühlen. Als Stewardess repräsentiere ich den Sicherheits- und Servicegedanken der Fluglinie.)

Mein Job ist die Lösung für folgendes Problem …
(Der Wettbewerb in der Luftfahrt ist groß. Airlines unterscheiden sich neben den Preisen auch durch die Qualität des Komforts. Mit welchem Gefühl also gehen unsere Passagiere von Bord? Ich sorge dafür, dass die Passagiere bei ihrer nächsten Buchung wieder mit uns fliegen.)

Welcher Person, Abteilung oder Organisation helfe ich, dieses Problem zu lösen? Mit anderen Worten: Wer ist mein Kunde?
(Luftverkehrsunternehmen, die Reisende zu nationalen und internationalen Zielen fliegen)

Die folgenden Elemente meiner Arbeitsumgebung beeinflussen die Art und Weise, wie ich meinen Job ausführe: …
(Der Job in der Höhe, der häufige Aufenthalt in Kabinenluft und die Arbeitszeiten sind anspruchsvoll. Die immer wechselnden Besatzungsmitglieder, der Kontakt mit vielen Kulturen und die Launen der Passagiere bestimmen meinen Arbeitstag.)

Ich brauche berufliche Veränderung, weil …
(… ich mehr Spielraum in meiner täglichen Arbeit haben möchte, um mein Gespür für Service auszuleben. Wir sind sehr stark an Vorgaben und Prozesse gebunden. Hinzu kommt, dass ich allmählich gesundheitliche Probleme mit den Arbeitsbedingungen in der Luft und dem unregelmäßigen Schlaf bekomme.)

Wachstumspfade entdecken

Zur Entwicklung einer persönlichen Wachstumsstrategie definieren wir die Felder der Ansoff-Matrix neu: Auf der einen Seite untersuchen wir die Tätigkeit an sich (was tue ich?) und auf der anderen Seite analysieren wir unser berufliches Umfeld (wo, wie und für wen tue ich das?). Jede Kombination innerhalb der Matrix ist ein gedankliches Experiment und erfordert, dass wir uns außerhalb unserer gewohnten Gedankengänge bewegen. Das Beispiel von Daniela verdeutlicht den Aufbau der Ansoff-Matrix.

	Berufliche Tätigkeit bleibt bestehen	Neue berufliche Tätigkeit
Arbeitsumfeld bleibt bestehen	I Fortsetzung (Hipp Babynahrung)	III Entwicklung (Porsche Cayenne)
Neues Arbeitsumfeld	II Entwicklung (Jägermeister Expansion)	IV Diversifikation (Yamaha – Motorrad & Musikinstrumente)

Abb. 12: Auf unseren Beruf übertragene Ansoff-Matrix

Berufliche Tätigkeit:
Flugbegleiterin, um Service und Sicherheit zu gewährleisten

Arbeitsumfeld:
International und in der Luft, strenge Arbeitsrichtlinien, ständig wechselnde Teams, unregelmäßige Arbeitszeiten

I. Die Hipp-Strategie:
Was könntest du machen, wenn alles so bleibt, wie es ist?
»Ich könnte meinen Job so weitermachen wie bisher, auf eine Beförderung zur Purserin hoffen oder versuchen, ausschließlich für die Langstrecke eingesetzt zu werden.«

II. Die Jägermeister-Strategie:
Inwiefern könntest du bei gleichbleibender Tätigkeit etwas an deinem Arbeitsumfeld verändern, wenn du überlegst, wo, wie und für welche Kunden du arbeitest?
»In diesem Falle würde ich immer noch als Stewardess arbeiten – ich könnte mich darum bewerben, als Servicekraft am Boden eingesetzt zu werden. Dann würde ich nicht mehr fliegen und hätte geregelte Arbeitszeiten. Alternativ könnte ich zu einer angesehenen arabischen Airline wechseln oder mich darum bemühen, als Stewardess in der Business- und First Class zu arbeiten. Eine weitere Möglichkeit wäre, als Stewardess für private Flugzeuge zu arbeiten. Das ist sicherlich ein ganz anderer Job, von dem ich sehr Unterschiedliches gehört habe.«

Übrigens: Berücksichtige hier, welche Erkenntnisse du bereits über deinen roten Faden, deine Stärken und deine Leidenschaft gewonnen hast. Diese Erkenntnisse können dir Hinweise liefern, in welchem Arbeitsumfeld du dich noch besser entfalten kannst.

III. Die Porsche-Strategie:
Was könntest du bei gleichbleibendem Arbeitsumfeld an deiner Tätigkeit verändern?
»Wenn ich unter dem Arbeitsumfeld das Flugzeug verstehe, besteht in meinem Beruf nicht allzu viel Spielraum – Stewardess ist Stewardess.

Wenn ich etwas weiter gefasst die Airline als Arbeitsumfeld verstehe, könnte ich natürlich prüfen, welche Entwicklungsmöglichkeiten es für Stewardessen bei einer Airline noch gibt, abgesehen vom Wechsel zum Servicepersonal am Boden. Vielleicht könnte ich in einer unserer Lounges arbeiten oder über ein nebenberufliches Studium in die Verwaltung wechseln.«

Inwiefern könntest du dich über eine nebenberufliche oder ehrenamtliche Tätigkeit weiterentwickeln?
»Wenn ich mit meiner Tätigkeit unzufrieden wäre, würde ich versuchen, hier eine konkrete Antwort zu finden. Ich fühle mich aber im Servicegeschäft sehr wohl. Den Hebel für Veränderung vermute ich eher im Arbeitsumfeld. Ich kenne Stewardessen, die das Fliegen reduziert haben und nebenher als Hostess arbeiten – das wäre für mich aber keine nachhaltige Perspektive.«

Übrigens: Welche Tätigkeiten kommen für dich noch in Betracht, wenn du wieder die Erkenntnisse deines roten Fadens, deiner Stärken oder deiner Leidenschaft berücksichtigst?

IV. Die Yamaha-Strategie:
Hier geht es auf die grüne Spielwiese, um einen neuen Job zu finden: In welchen anderen Bereichen wäre deine berufliche Erfahrung nützlich?
»In meinem Fall frage ich mich also, wo Menschen Wert darauf legen, sehr guten Service zu genießen. Spontan fällt mir die Tätigkeit in einem Hotel, auf einem Kreuzfahrtschiff, in der Gastronomie oder als persönliche Assistentin ein. Da ich weiß, was exzellenten Service ausmacht, und ausreichend internationale Erfahrung habe, könnte ich mir sogar überlegen, welche Bereiche als Servicewüsten bekannt sind – dort braucht man meine Erfahrung ja am stärksten. Ich habe mal von einem Vortragsredner gehört, dass er sich auf dieses Thema spezialisiert hat und Mitarbeiter in authentischer Service-Kultur trainiert. Ob ich aber das Zeug zu einer Trainerin oder Beraterin habe, bezweifle ich. Immerhin könnte ich problemlos ein Buch darüber schreiben, wie mit schwierigen Kunden umzugehen ist, oder könnte, wie eine Bekannte von mir, einen Podcast starten, der Impulse für

exzellenten Service bietet. Eine Option, die ich nach dem Abitur dann aber doch nicht gewählt habe, war ein Studium – möglicherweise macht ein Studium der Betriebswirtschaft als Fundament für meine berufliche Neuausrichtung jedoch Sinn.«

Übrigens: Gerade bei einer vollständigen beruflichen Neuausrichtung ist es als CEO wichtig, den roten Faden des Lebens zu beachten. Welche Jobs lassen sich von unserer DNA ableiten? Welche Branche passt zu unserem roten Faden? Welche Art von Kunden lässt sich am besten mit unseren Stärken vereinen? In welchem Geschäftsbereich kommt unsere Leidenschaft am stärksten zur Geltung?

Die CEO-Aufgabe liegt jetzt darin, für jede der vier Strategien (Hipp, Porsche, Jägermeister und Yamaha) so viele Ideen wie möglich aufzuschreiben. Selbst dann, wenn deine Einfälle trivial und aberwitzig erscheinen, entstehen in deinem Gehirn wertvolle neuronale Verknüpfungen. Also, nimm dir ein separates Blatt Papier und lass dich von den Leitfragen zum Querdenken provozieren und aus deiner Komfortzone herausführen. Falls dir das schwerfällt und es dir an Ideen mangelt, habe ich zum Abschluss dieses Kapitels noch eine Idee für dich.

Wachstumspfade interpretieren

Daniela kann die Fortsetzung ihrer Tätigkeit trotz beruflicher Aufstiegschancen zur Purserin ausschließen. Da die Luftfahrt sehr reglementiert ist, sehnt sie sich nach mehr Spielraum, um ihre Service-Kompetenz stärker zu nutzen. Im Idealfall arbeitet sie in einem Job, in dem sie auch eigene Ideen umsetzen kann. Deswegen möchte sie sich über die Veränderung ihres Arbeitsumfeldes weiterentwickeln: Der Job als Stewardess für private Flugzeuge ist für sie ein kleines Abenteuer, auf das sie Lust hätte. Dort ist die Verantwortung größer und der Kontakt zu den Kunden direkter – das könnte ihr liegen. Eine Diversifikation wäre der Weg an die Universität, den sie nach dem Abitur ohnehin in Betracht gezogen hatte. Das Studium könnte sie sich als Messe-Hostess finanzieren, und es wäre eine echte Alternative, um langfristig mehr berufliche Entwicklungsmöglichkeiten zu haben. So könnte sie sich später gut vorstellen, für eine internationale Hotelkette zu arbeiten, um den Austausch mit anderen Sprachen und Kulturen nicht zu verlieren.

Das Beispiel zeigt, wie es anhand einer einfachen Matrix möglich ist, eine komplexe Fragestellung so einzugrenzen, dass sich Stück für Stück konkrete Alternativen ergeben. Das Experimentieren und Querdenken zeigt uns sowohl das, was wir ausschließen können, als auch das, was uns reizt. Daniela ist sich jetzt im Klaren, dass ihre berufliche Perspektive entweder der Porsche- (Entwicklung über das Arbeitsumfeld) oder der Yamaha-Strategie (Diversifikation) zuzuordnen ist – jedoch fällt ihr die Entscheidung zwischen der Flugbegleiterin für private Kunden und einem Studium noch schwer.

Reflexion

Für die Perspektive meiner beruflichen Entwicklung kann ich die folgenden Felder ausschließen:

Mir ist bewusst geworden, dass …

Schritt für Schritt: Meine erste Veränderung, um einem neuen beruflichen Pfad zu folgen, ist …

Du hast dein handwerkliches Repertoire als CEO deines Lebens um eines der berühmtesten Tools des strategischen (Life-)Managements erweitert. Wie so häufig gilt auch bei der Arbeit mit der Ansoff-Matrix: Übung macht den Meister! Zukünftig bist du ein Change-Champion und kannst immer wieder von der Einfachheit dieser 2×2-Matrix profitieren. Falls du in berufliche Sackgassen geraten solltest, verfügst du nun über eine Technik der Herangehensweise, um die Situation zu sortieren und konstruktiv nach vier neuen strategischen Wachstumspfaden zu suchen.

Horizonterweiterung, Teil 3: Ein kleines Brainstorming

Du erinnerst dich an das psychologische Phänomen des Bestätigungsfehlers: Unsere individuelle Wahrnehmung lässt uns genau das sehen, was wir gerne sehen möchten, ob beim Elfmeterpfiff in der letzten Sekunde der Nachspielzeit oder wenn wir uns die Frage stellen, wie wir uns beruflich verändern können. Wenn es dir an Ideen mangelt, um die vier Strategiefelder der 2×2-Matrix zu füllen, macht es Sinn, deine Wahrnehmung auszutricksen.

Was würdest du sagen, wenn ich dir zeige, wie du in 30 Minuten 108 Ideen für deine berufliche Weiterentwicklung sammeln könntest? Klingt unmöglich – ist es aber nicht. Alles, was du dafür brauchst, sind fünf weitere Personen, die du auf einen Kaffee zu dir einlädst, um nebenbei an einem kleinen Workshop teilzunehmen. Wenn du fünf Personen gefunden hast, denen du gute Ideen zutraust, kann es losgehen.

Schritt 1: Du stellst die Frage vor, bei der du Hilfe brauchst. Daniela könnte beispielsweise fragen:»In welchem Berufsfeld außerhalb der Luftfahrt kann ich mit meiner Serviceerfahrung als Flugbegleiterin noch arbeiten?« Halte dich mit deinen eigenen Ideen zurück, aber erläutere den Anwesenden, warum es dir wichtig ist, dass du Ideen sammelst.

Schritt 2: Schreib die Ausgangsfrage auf einen Zettel, sodass jede Person die Frage vor Augen hat. Jeder erhält zusätzlich ein Blatt Papier.

Schritt 3: Erkläre den Anwesenden, dass jeder fünf Minuten Zeit hat, um drei Ideen kurz und knapp auf das Blatt Papier zu schreiben. Stell den Countdown einer Uhr auf fünf Minuten und los geht's.

Schritt 4: Bevor nach fünf Minuten die nächste Runde beginnt, gibt jeder sein Blatt Papier an die Person zu seiner Rechten weiter. Die bereits aufgeschriebenen Ideen können ergänzt, vervollständigt oder ignoriert werden. In jedem Fall sollte jede Person drei neue Ideen aufschreiben.

Schritt 5: Dieser Prozess wiederholt sich fünfmal: 6 × 3 Ideen × 6 Runden = 108 Ideen in 30 Minuten. Die als 6-3-5-Methode bekannte Kreativitätstechnik (6 Teilnehmer, je 3 Ideen, 5 × weiterreichen) ist eine der effizientesten und einfachsten Formen der Ideengenerierung. Obwohl nicht ausgeschlossen werden kann, dass sich Ideen überschneiden, lassen sich die besten Ideen in einer anschließenden Diskussion gemeinsam durchdenken.

Da es nicht immer machbar ist, sechs Freunde für diesen Zweck zu versammeln, kannst du das Tool auch mit weniger Personen einsetzen. Wenn sich die Variablen der Gleichung ändern, ändert sich auch das Ergebnis: Die Kombinationen 5 Personen × 2 Ideen × 5 Runden

= 50 Ideen oder 4 Personen × 4 Ideen × 4 Runden = 64 Ideen sind ebenso möglich.

Übrigens: Ohne den Werbefachmann Alex Osborn würde es das heutige Brainstorming nicht geben und im Namen der Marketingagentur BBDO würde das O fehlen. Osborn fiel 1919 auf, dass die Arbeitstreffen in Unternehmen Kreativität eher bremsten als förderten. Er entwickelte die berühmten Regeln für das Brainstorming, die es auch bei der Anwendung der 6-3-5-Methode zu beachten gilt:

➡ Übe keine Kritik!
➡ Je mehr Ideen, desto besser!
➡ Ergänze und verbessere bereits vorhandene Ideen!
➡ Je ungewöhnlicher die Idee, desto besser!

Kurz innehalten

Vor Pferden habe ich Angst. Wenn ich darüber nachdenke, worin die Angst ihren Ursprung hat, erinnere ich mich an meine Schulzeit. Wie so viele junge Mädchen waren auch einige von meiner Schule fasziniert von den muskelbepackten Vierbeinern – an eines der Mädchen erinnere ich mich besonders gut. Wie viele andere nahm sie Reitstunden und organisierte sich eine Reitbeteiligung, sodass sie jeden Tag ihrer Leidenschaft nachgehen konnte. Wie viele andere wollte sie irgendwann ihr eigenes Pferd haben, um Turniere zu bestreiten. Als sie 14 Jahre alt war, wollten ihre Eltern ihr diesen Wunsch erfüllen und fuhren zu einem Reiterhof. Aber anders als bei vielen anderen ging der Proberitt im Gelände schief.

Als ihr das Pferd durchging, zog gleich auch das Pferd der Begleiterin nach. Beide stürzten zu Boden. Die Begleiterin überstand den Fall bis auf ein paar Prellungen, doch sie selbst verletzte sich schwer. Die Wirbelsäule war gebrochen und zwei Wirbel zwischen Brustwirbel und Lendenwirbel zertrümmert. Das 14-jährige Mädchen landete für zwei

Wochen auf der Intensivstation und musste mehrmals operiert werden. Die schockierende Diagnose: Sie war querschnittgelähmt und würde bis an ihr Lebensende im Rollstuhl sitzen.

Während auf dem Schulgelände sämtliche Bordsteine und Stufen mit Rampen ausgestattet wurden, kämpfte sich das junge Mädchen zurück ins Leben. Vor dem Unfall hatte sie mit Schwimmen, Turnen und Reiten viel Sport getrieben. Auch jetzt dachte sie nicht daran, den Kopf hängen zu lassen, obwohl sie sich in der von Unsicherheit geprägten Blütezeit ihrer Pubertät befand. Die auf sechs Monate angelegte Reha brachte sie in sechs Wochen hinter sich, und trotz der körperlichen Einschränkung fasste sie früh den Entschluss, wieder Sport zu treiben. Als ihr ein Basketball in die Hände fiel, begann sie eine neue Lebenslinie zu zeichnen.

Heute ist Annika Zeyen[21] Deutschlands erfolgreichste Rollstuhl-Basketballspielerin: Sie ist mit über 380 Spielen Rekordnationalspielerin, mehrfache Deutsche Pokalsiegerin, Champions-League-Siegerin, Deutsche Meisterin, Europameisterin und ausgezeichnet mit dem silbernen Lorbeerblatt; 2012 gewann sie bei den Paralympischen Spielen in London mit der deutschen Nationalmannschaft die Goldmedaille und 2016 in Brasilien die Silbermedaille. Bei der Abschlussfeier wurde ihr im Maracanã-Stadion die Ehre zuteil, als Fahnenträgerin einzurollen.

Annika ist etwas Bewundernswertes gelungen. Sie schloss dabei Frieden mit ihrem Schicksal: »Der Unfall war eben mein Schicksal. Pferde mag ich immer noch sehr.« Nach dem Abitur verbrachte sie während ihres Werbe-und-Grafikdesign-Studiums ein paar Jahre in Amerika. Erfahrungen, von denen sie heute noch profitiert: Nebenberuflich arbeitet sie in der Marketingabteilung des Internationalen Paralympischen Komitees und nach ihrem Karriereende als Basketballerin ist sie auf einen neuen Leistungssport umgestiegen: Rennrollstuhlfahren – es ist wieder Zeit für eine neue Lebenslinie.

5. DIE BESSEREN ENTSCHEIDUNGEN TREFFEN

Freud, Fromm und Frankl, die wohl berühmtesten Seelenärzte der vergangenen Jahrhunderte, überbieten sich in wissenschaftlichen Errungenschaften und akademischer Anerkennung. Einer von ihnen blickte auf einen besonders bewegenden Werdegang zurück.

Der Österreicher Viktor Frankl war jüdischer Abstammung und seit 1930 bereits ein renommierter Psychologe Wiens. Wie der Zeitgeist es wollte, durfte er ab 1938 trotz seiner Reputation arische Patienten nicht mehr behandeln. Als er 1941 ein Visum für die Ausreise in die USA angeboten bekam, verzichtete er, um seine Eltern nicht im Stich zu lassen. Seine gesamte Familie wurde 1942 ins Getto Theresienstadt deportiert, wo sein Vater 1943 starb. In den Gaskammern der Nazis verlor Frankl seine Frau, seine Eltern und seinen Bruder. Wie durch ein Wunder überlebte er selbst schließlich vier Konzentrationslager und verarbeitete in dem 1946 erschienenen weltweiten Bestseller »… trotzdem Ja zum Leben sagen: Ein Psychologe erlebt das Konzentrationslager« seine Eindrücke und Erfahrungen.

»Das Leiden, die Not gehört zum Leben dazu, wie das Schicksal und der Tod. Sie alle lassen sich vom Leben nicht abtrennen, ohne dessen Sinn nachgerade zu zerstören. Not und Tod, das Schicksal und das Leiden vom Leben abzulösen, hieße dem Leben die Gestalt, die Form nehmen. Erst unter den Hammerschlägen des Schicksals, in der Weißglut des Leidens an ihm, gewinnt das Leben Form und Gestalt.«[22]

Die Basis seiner beeindruckenden Lebensphilosophie ist die Erfahrung, dass dem Menschen alles genommen werden kann, bis auf eines: die persönliche Entscheidungsfreiheit, ob wir uns zum Spielball der äußeren Bedingungen machen lassen oder nicht. Frankls Berichte sind ergreifend, wenn er detailliert davon erzählt, wie dem KZ-Insassen neben Hoffnung und Würde auch das letzte Hab und Gut, die Angehörigen und selbst die Körperbehaarung genommen werden. Und doch ist seine Geschichte der Beweis dafür, dass auch das schlimmste Leiden einen Sinn hat und jeder bis zum letzten Atemzug Gelegenheit hat, sein Leben sinnvoll zu gestalten: »Gerade eine außergewöhnlich schwierige äußere Situation gibt dem Menschen Gelegenheit, innerlich über sich selbst hinauszuwachsen«, schreibt er.[23]

Die persönliche Entscheidungsfreiheit, ob wir uns zum Spielball der äußeren Bedingungen machen lassen oder nicht, kann uns niemand nehmen.

Während ich mich über einen Fleck auf meiner neuen Hose ärgere, fand Viktor Frankl im dunklen Dreck eines Konzentrationslagers noch stündlich Gelegenheiten, das Beste aus seinem Leben zu machen. Später hat Frankl einmal gesagt: »Der Mensch ist das Wesen, das immer entscheidet. Und was entscheidet es? Was es im nächsten Augenblick sein wird.«

Diese selbstbestimmte und lebensbejahende Haltung ist Vorbild für den Grundton dieses Kapitels, das Entscheidungen als Schleifsteine unseres Schicksals betrachtet. Die diskutierten Tools und Techniken bauen in diesem Kapitel nicht unmittelbar aufeinander auf – dem persönlichen Geschmack bietet sich also genügend Raum zum Experimentieren. Zur besseren Orientierung zeigt das Kapitel zwei Wege auf, die zu einer Entscheidung führen: durch Reflexion oder durch optische Darstellung. Die persönliche Präferenz, ob jemand einen Sachverhalt lieber durchdenkt oder mit Unterstützung einer grafischen Darstellung erfasst, ist eine Frage des Typs.

➨ Mithilfe der ersten vier Tools (Perspektivenwechsel, Hüte austauschen, Bedenken prüfen, Dilemma auflösen) schulen wir im ersten Abschnitt die Fähigkeit der rein gedanklichen Reflexion: ein Durchforsten unseres Innenlebens nach Gedanken und Gefühlen.

➨ Der zweite Abschnitt (Argumente wiegen, Reihenfolge erstellen, Kontraste erkennen, Nutzen berechnen) widmet sich mit vier weiteren Methoden, die eher einer optischen Darstellung dienen, der Fähigkeit der Analyse, bei der wir eine Entscheidung in ihre Einzelteile zerlegen.

Perspektiven wechseln

Wenn wir uns an die Situation von Daniela, der Flugbegleiterin, erinnern, steht ihr eine weitreichende Entscheidung bevor: Soll sie in ihrem Job bleiben, sich als private Stewardess bewerben oder doch über ein Vollzeitstudium dem Beruf vollständig den Rücken kehren? Jeder von uns kennt in einer solchen Situation das innere Stimmenwirrwarr: Was ist das Richtige für mich? Wie wäre das Leben als Stewardess in VIP-Flugzeugen? Kann ich mit weniger Geld auskommen, wenn ich nebenberuflich studiere? Und natürlich: Was wird meine Familie dazu sagen?

Weitreichende Entscheidungen sind für Unternehmen gang und gäbe und selten trifft eine einzelne Person sie allein. In eigens dafür eingerichteten Gremien, beispielsweise in einer Vorstands- oder Aufsichtsratsitzung, werden die Alternativen ausführlich diskutiert. Wer sich als Entscheidungsträger diesem Austausch stellt, andere Meinungen anhört oder auf kritische Einschätzungen eingeht, macht sich ein vollständigeres Bild und kann qualifizierter entscheiden.

Entscheiden bedeutet, das Unnötige abzuschneiden und mehrere Alternativen voneinander zu trennen. Damit wir in unserem Leben die richtige Entscheidung treffen, also nur das Nötige übrig lassen, können wir mithilfe des Perspektiven[3]-Tools die Meinung anderer Personen provozieren und eine kleine Vorstandssitzung imitieren. Das Werkzeug erzeugt eine rationale, emotionale und politische Stimme und sortiert unser inneres Stimmenwirrwarr.

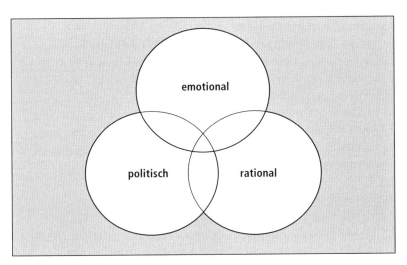

Abb. 13: Perspektiven[3]

Drei Vorstandsmitglieder

Als Übersicht zeigt die Abbildung den Kontext der drei Dimensionen, die bei der Anwendung des Perspektiven[3]-Tools berücksichtigt werden. Wenn wir also vor einer weitreichenden Entscheidung stehen, können wir zur Beurteilung der durch die Entscheidung hervorgerufenen Veränderung die folgenden drei »Vorstandsmitglieder« befragen.

Das emotionale Mitglied anhören:

1. Was wird die Veränderung für mich persönlich bedeuten?
2. Wie wird die Entscheidung mein Leben positiv verändern? Inwiefern wird dies negativ der Fall sein?
3. Inwiefern steht die Veränderung im Einklang mit dem roten Faden meines Lebens?
4. Bin ich in der Lage, die Entscheidung umzusetzen und die Veränderungen zu bewältigen?

Das politische Mitglied anhören:

1. Welche Auswirkungen hat die Entscheidung auf die Erreichung meiner Lebensziele und die Erfüllung meiner Träume?
2. Inwiefern werde ich den Zugang zu Ressourcen oder Personen verlieren oder gewinnen?
3. Gewinne ich durch die Entscheidung an Eigenständigkeit oder gerate ich in eine Abhängigkeit von Umständen und Personen?
4. Wie wird sich mein Leben in den Augen meiner Mitmenschen verändern?

Das rationale Mitglied anhören:

1. Welche Daten und Fakten sprechen für die Entscheidung?
2. Inwiefern ist die Entscheidung vernünftig und sorgfältig durchdacht?
3. Treffe ich die Entscheidung zu einem guten Zeitpunkt?
4. Was wird mich die Entscheidung »kosten« und was kann ich »verdienen«?

Erfahrungsgemäß macht es Sinn, die Reaktionen der drei »Vorstandsstimmen« zu dokumentieren. Das Aufschreiben hilft, uns der Vor- und Nachteile bewusst zu werden, und reduziert die Anzahl von quälenden Gedanken, die unseren Alltag durchziehen. Dies ist mit der Wirkung von To-do-Listen vergleichbar. Wenn zukünftige Pflichten auf eine Liste gebannt werden, befreit das den Kopf, sagen Psychologen – andernfalls beschäftigt sich das menschliche Gehirn zwanghaft mit unerledigten Dingen. Wer also eine unerledigte Aufgabe oder in diesem Fall eine unerledigte Sorge zu Papier bringt, setzt mental einen Haken dahinter. Je konkreter die Formulierung, desto einfacher ist es für das Gehirn, loszulassen.

Vorstandssitzung interpretieren

Dieser Perspektivenwechsel hilft uns, Klarheit in unseren Gedanken zu finden, denn sie fehlt uns, wenn sich unser innerer Monolog verselbstständigt und wir vor lauter Bäumen den Wald nicht mehr sehen. Die unterschiedlichen Stimmen aufzudecken und gegeneinander abzugrenzen, trainiert uns darin, sie wahrzunehmen, ohne uns von ihnen verunsichern zu lassen.

Konkret könnte dies folgendermaßen aussehen: Jeder von uns kennt das Gefühl, wenn uns Ängste aus dem Nichts überfallen. Angenommen, Daniela tendiert zu einem Studium, um langfristig den Beruf der Flugbegleiterin aufzugeben. Während sie beim Sport ist, könnte sie plötzlich der Gedanke überfallen:»Was mache ich eigentlich, wenn ich das Studium nicht finanziert bekomme?!« Anstatt sich von einem solchen Gedanken verunsichern zu lassen, könnte sie reflektieren: Welche Stimme spricht da gerade aus mir? Was würde eine der anderen Stimmen entgegnen? Zu wie viel Prozent ist diese Angst begründet?

Dieser mentale Umweg kann beruhigend wirken und führt dazu, dass wir uns vom destruktiven Potential der Angst distanzieren. Mit anderen Worten: Wir zoomen ein Stück heraus aus unserer Landkarte, um uns mit Blick auf die gesamte Route nicht von einer einzigen Unebenheit verrückt machen zu lassen. So hilft uns das Perspektiven[3]-Tool dabei, Vor- und Nachteile abzuwägen, die zuverlässigste Stimme zu identifizieren und mit kühlem Kopf einer Entscheidung näher zu kommen.

Hüte austauschen

»Viele Ideen zu haben, von denen einige falsch sind, ist jedenfalls besser, als immer recht zu haben und überhaupt keine Ideen zu haben«, sagte Edward de Bono, einer der führenden Kognitionswissenschaftler, der im »Jahr der Kreativität« 2009 zum »EU-Boschafter fürs Denken« ernannt wurde. De Bono hat sich auf kreatives Denken spezialisiert. Mehrere Techniken zum Lösen eingefahrener Denkmuster gehen auf den Briten zurück. Ein bekanntes Beispiel: die Methode der 6 Denkhüte, die zum Beispiel im Zuge einer Entscheidungsfindung festgefahrene Gedankenmuster aufbrechen und alternative Ideen produzieren kann.

> **»Viele Ideen zu haben, von denen einige falsch sind, ist jedenfalls besser, als immer recht zu haben und überhaupt keine Ideen zu haben.«** (Edward de Bono)

Wie der Name »6 Denkhüte« vermuten lässt, handelt es sich hierbei um eine gute Ergänzung des Perspektiven[3]-Tools. So wie es in einer Gruppendiskussion unterschiedliche Meinungen gibt, existieren auch innerhalb unserer eigenen Gedanken widersprüchliche Ansichten. Das Wahrnehmen dieser Unterschiede ist die Voraussetzung für eine effektive Entscheidungsfindung. De Bono hat dafür sechs verschiedene Hüte definiert, die man sich nacheinander »aufsetzt«, um die anstehende Entscheidung aus anderen Blickwinkeln betrachten zu können.

Sechs unterschiedliche Rollen

Die folgenden Halbsätze dienen als gedanklicher Leitfaden, um sich in die sechs unterschiedlichen Rollen zu versetzen. Um die Identifikation mit einer neuen Rolle zu erhöhen, macht es Sinn, den Rollenwechsel zu spüren: So könntest du für jeden Hut einen anderen Gegenstand in der Hand halten oder eine neue Position einnehmen – zum Beispiel bei Grün durch die Wohnung gehen, bei Gelb aus dem Fenster blicken oder bei Schwarz auf dem Bett sitzen.

Weißen (analytischen) Hut aufsetzen – hier stehen nur Zahlen, Daten und Fakten im Fokus:
Wenn ich nur die Tatsachen berücksichtige, dann …
Ganz objektiv betrachtet macht es Sinn, dass …
Ganz sicher weiß ich, dass …

Gelben (optimistischen) Hut aufsetzen – hier ist das Glas halb voll:
Die Entscheidung ist für mich richtig, weil …

Das Gute an dieser Entscheidung ist, dass …
Das Best-Case-Szenario sieht so aus, dass …

Schwarzen (pessimistischen) Hut aufsetzen – hier ist das Glas halb leer:
Das größte Risiko liegt darin, dass …
Ich habe Grund, skeptisch zu sein, weil …
Ich habe Angst davor, dass …

Grünen (kreativen) Hut aufsetzen – hier kommt es aufs Querdenken an:
Bislang habe ich noch nicht berücksichtigt, dass …
In einer perfekten Welt würde ich …
Damit sich die Entscheidung wie von selbst trifft, müsste …

Roten (emotionalen) Hut aufsetzen – hier steht die Intuition im Vordergrund:
Mein Bauchgefühl sagt mir, dass …
Ich wusste von Anfang an, dass …
Für mich fühlt es sich gut an, dass …

Blauen (strukturierten) Hut aufsetzen – hier wird ein Fazit gezogen:
Wenn ich alle Denkhüte berücksichtige, dann …
Was mich davon abhält, eine Entscheidung zu treffen, ist …
Der nächste Schritt, um einer Entscheidung näher zu kommen, ist …

Sechs Hüte interpretieren

Wie zuvor ist es auch hier ratsam, die gesammelten Gedanken niederzuschreiben. Das vereinfacht das Denken und hilft uns, eine Entscheidung zu treffen.

Falls du mit jemandem über deinen Entscheidungsprozess sprechen möchtest, bieten sich die 6 Denkhüte auch als sinnvolle Feedback-Struktur an. Wichtig ist, dass die Person deutlich macht, mit welchem Hut sie zu dir spricht:

⇒ »Wenn ich den gelben Hut aufsetze, bin ich davon überzeugt, dass die Entscheidung richtig ist, weil du schon nach dem Abitur studieren wolltest. Jetzt ist es noch nicht zu spät!«

⇒ »Wenn ich den roten Hut aufsetze, sagt mir mein Bauchgefühl, dass dir für ein nebenberufliches Abendstudium die Disziplin fehlen könnte.«

⇒ Usw.

Durch die Struktur erhältst du ein ganzheitliches Feedback. Da sich die Person nur »einen Hut aufsetzt«, brauchst du eine ehrliche Rückmeldung nicht persönlich zu nehmen, falls du einmal mit einer geäußerten Einschätzung nicht einverstanden sein solltest – es spricht die Rolle, nicht der Mensch.

Bedenken prüfen

Unsere Bedenken, also vorweggenommene Gewissensbisse, sind der Grund, warum wir in vielen Situationen mit einer klaren Entscheidung zögern. Das Problem ist: Wer nicht entscheidet, hat schon entschieden – das vergessen und unterschätzen wir. Um selbst zu entscheiden und nicht Objekt von Entscheidungen zu werden, gibt es zwei Möglichkeiten: Entweder schaffen wir die Bedenken endgültig aus der Welt oder wir gehen anders mit ihnen um.

Ersteres ist unmöglich, da niemand von uns Bedenken, Ängste und Sorgen für immer aus seinem Leben verbannen kann. Es bleibt also die zweite Möglichkeit: Das Tool Think 360 ermöglicht es, Bedenken bewusst und konstruktiv in einen Entscheidungsprozess zu integrieren. Anhand einer Checkliste werden wie mit einem 360-Grad-Blick alle möglichen Themen und betroffenen Personen berücksichtigt und sämtliche Auswirkungen und Konsequenzen strukturiert durchdacht. Dessen ungeachtet behält der katholische Philosoph Josef Bordat recht, wenn er sagt: »Man sollte, bevor man damit beginnt, eine Sache zu bedenken, zuerst bedenken, dass man nicht alles bedenken kann.«

Entscheidungsoptionen sammeln

Die Anwendung dieses Tools ist besonders dann geeignet, wenn wir verschiedene Handlungsoptionen direkt miteinander vergleichen möchten und uns keine quantitativ messbaren Kriterien zur Verfügung stehen (zum Beispiel der Kaufpreis eines Autos). Die Tabelle dient als Blaupause, um sich auf einem separaten Blatt Papier systematisch durch die zu berücksichtigenden Bereiche zu arbeiten:

⇛ das von deiner Entscheidung betroffene Umfeld,
⇛ die Realisierbarkeit der Umsetzung und
⇛ deine Einstellung.

Daniela, die Flugbegleiterin, könnte die Optionen ihrer beruflichen Weiterentwicklung wie folgt in der ersten Zeile eintragen. Erfahrungsgemäß ist es danach sinnvoll, Spalte für Spalte vorzugehen.

Think 360

THINK 360	Stewardess bleiben	VIP-Stewardess	In Vollzeit studieren
Umfeld			
Betroffene			
Eventuelle Ratgeber			
Reaktion Umfeld			
Keine Unterstützung			
Nötige Ressourcen			
Realisierbarkeit			
Ziele			
Erfolgsfaktoren			
Risikofaktoren			
Plan B			

Einstellung			
Mut (1 – 10)			
Selbstvertrauen (1 – 10)			
Veränderung			
Angst			
Unterstützer			
DNA-Einklang in %			

Umfeld:
Wer wird von meiner Entscheidung betroffen sein?
Wen sollte ich um Rat fragen?
Wie wird mein Umfeld reagieren?
Wie gehe ich damit um, wenn jemand aus meinem direkten Umfeld meine Entscheidung nicht unterstützt?
Was brauche ich für Ressourcen, um die Entscheidung umzusetzen, und wie erlange ich diese Ressourcen (Zeit, Geld, Kontakte etc.)?

Realisierbarkeit:
Woran erkenne ich eine erfolgreiche Umsetzung?
Welche Faktoren sind erfolgskritisch?
Was könnte die Umsetzung am ehesten zum Scheitern bringen?
Was ist im schlimmsten Fall mein Plan B?

Einstellung:
Auf einer Skala von 1 (mühelos) bis 10 (Mutprobe): Inwiefern erfordert diese Entscheidung meinen Mut?
Auf einer Skala von 1 (gar nicht) bis 10 (absolut): Inwiefern traue ich mir diese Entscheidung zu?
Was wird sich dadurch in meinem Leben verändern?
Wovor habe ich am meisten Angst?
Was oder wer kann mir helfen, mit dieser Angst umzugehen?
Zu wie viel Prozent steht diese Entscheidung mit meiner DNA im Einklang?

Mit Think 360 reflektieren

Wer dieses Tool zur Entscheidungsfindung einsetzt, braucht sich anschließend eins nicht vorzuwerfen: sich nicht genügend Gedanken gemacht zu haben. Die einzelnen Fragen zerteilen jede Option in kleine Häppchen und ziehen ein intensives In-sich-Gehen nach sich. Wer am Ende auf seine Tabelle schaut, wird nun ein besseres Gefühl für die richtige Entscheidung haben.

Reflexion

Welche Person hat schon einmal diese oder eine ähnliche Entscheidung getroffen und könnte dir beratend zur Seite stehen?

In manchen Situationen lässt sich eine Entscheidung austesten. Bevor der Job gekündigt wird, macht beispielsweise das Probearbeiten im neuen Job Sinn. Inwiefern kannst du deine Entscheidung als Pilotprojekt testen?

Manchen Menschen hilft es, sich selbst auszutricksen: Sie tun so, als ob sie die Entscheidung getroffen hätten. Sie verhalten sich so, als ob die Würfel gefallen wären – nach ein oder zwei darüber geschlafenen

Nächten nehmen sie wahr, wie sie innerlich reagieren. Probiere es aus und finde heraus, inwiefern du dich nach kurzer Zeit mit der (vorgestellten) Entscheidung anfreunden konntest.

Dilemma auflösen

Ein Esel steht zwischen zwei gleich großen und gleich weit entfernten Heuhaufen. Da er sich nicht entscheiden kann, welchen er zuerst fressen soll, verhungert er.

Dieses berühmte Gleichnis zeigt auf einfache Art und Weise, dass es auch eine Entscheidung ist, sich nicht zu entscheiden. Wir laufen besonders dann Gefahr, uns nicht entscheiden zu können, wenn wir in einem Dilemma stecken. Jeder hat schon einmal das beklemmende Gefühl einer Zwickmühle erlebt. Die Situation scheint ausweglos zu sein, weil die zwei sich bietenden Möglichkeiten beide zu einem unangenehmen und unerwünschten Ergebnis führen. Genauso kann die Auswahl von zwei positiven Möglichkeiten zu einem Dilemma führen, wie das Gleichnis von Buridans Esel zeigt.

In diesem Abschnitt geht es um Entscheidungen, bei denen wir uns in einem Dilemma wähnen und die Qual der Wahl haben: A oder B, Ja oder Nein, dies oder das? Angenommen, Daniela, die Flugbegleiterin, kann die Fortführung ihrer bisherigen Tätigkeit bereits ausschließen: Nun würde sie gern in Vollzeit studieren, aber auch genauso gern als private Stewardess arbeiten. Wenn sie sich einfach nicht entscheiden kann, steckt sie in einem Dilemma, weil beide Wege sich gegenseitig ausschließen. Wie trifft sie eine Entscheidung, wenn beides aussichtsreiche Optionen sind?

Wenn wir uns in einem Dilemma wähnen und uns das Abwägen von Vor- und Nachteilen nicht mehr weiterhilft, können wir von den Erkenntnissen der indischen Logik und den Gedanken eines der frühesten Denker des Mahayana-Buddhismus profitieren. Die logische

Figur des Tetralemmas berücksichtigt sämtliche logischen Möglichkeiten unseres Dilemmas, dekonstruiert unsere Sicht auf die Welt und hinterfragt unsere Haltungen und Standpunkte. Die Anwendung des Tools ist so gedacht, dass wir die rein rationale Ebene verlassen und im Körper spüren, was für uns das Richtige ist. Dadurch, dass wir dabei nicht nur auf die zwei sich ausschließenden Entscheidungsmöglichkeiten blicken, sondern unsere Welt und unser Handlungsfeld erweitern, verändern wir unsere Argumentation und interpretieren die Zusammenhänge neu. So gelangen wir zu einer reiferen Entscheidung. Mit anderen Worten: Das Tetralemma entspricht einer anspruchsvollen Anleitung zum Querdenken.

Zwei Heuhaufen wahrnehmen

Die Grundlage ist ein Dilemma, also die Entscheidung zwischen zwei Möglichkeiten, die sich gegenseitig ausschließen. Die abgebildete Matrix zeigt die sich ergebenden Positionen. Die Positionen »das eine« und »das andere« zeigen die beiden sich ausschließenden Möglichkeiten des Dilemmas.

Abb. 14: Tetralemma

Wichtig bei der Arbeit mit dem Tetralemma ist, dass die zweite Möglichkeit (»das andere«) eine echte Alternative zur ersten Möglichkeit ist. Ein einfaches Beispiel: Wenn ich zum Sport gehen oder ein Buch lesen möchte, ist das Lesen eines Buches eine echte Alternative zur körperlichen Betätigung. Wenn ich aber zum Sport gehen oder lieber zu Hause bleiben möchte, dann handelt es sich bei der zweiten Möglichkeit lediglich um die Verneinung der ersten Möglichkeit. Eine Verneinung ist eine Scheinalternative und führt zu keinem Dilemma.

Das Leben ist bunt

Mit Blick auf die Abbildung zeigen sich noch drei weitere Positionen, die es zu berücksichtigen gilt. Anstatt sich zwischen den das Dilemma verursachenden Optionen zu entscheiden, können wir uns fragen, wie sich die Optionen verbinden und kombinieren lassen.

Die Position »beides« mag zunächst irritieren, ist aber nichts anderes als der Beweis, dass das Leben nicht schwarz-weiß, sondern bunt ist. Gibt es Gemeinsamkeiten zwischen den Optionen? Ist manchmal das eine und manchmal das andere richtig? Wie sähe die Synthese der beiden Optionen aus?

Die Position »keins von beidem« löst den Kontext und die Geltung des Dilemmas auf. Es geht nicht mehr nur um die Vereinbarkeit von Optionen, sondern um den Kontext, in dem das Dilemma, der Gegensatz von A und B, entstanden ist. Das gibt der ganzen Entscheidungssituation eine neue Dimension und unter Umständen einen neuen Sinn.

Die letzte und fünfte Möglichkeit, »All dies und selbst das nicht!«, bricht mit den bisherigen Gedanken und ist die Negation des Tetralemmas. Sie zeigt sich als »Nicht-Standpunkt«, nimmt keine Stellung zu den vier zuvor geschilderten Positionen (»all dies«). Dieser kreative Schritt hat philosophischen Aufforderungscharakter, schwebt über allem und erfordert eine intensive Reflexion, denn keine Möglichkeit ist endgültig (»selbst das nicht«). Da auch diese fünfte Position kein endgültiger Standpunkt ist, nennen die Buddhisten ihn »Nicht-Standpunkt«. Ziel dieser Position ist es, Muster zu durchbrechen und einen kreativen Sprung in etwas wesentlich Neues zu ermöglichen. Das Neue ist in dieser Position nicht nur neu, sondern auch auf eine neue Weise richtig. In dieser fünften Position ist also alles möglich, denn manchmal liegt die Lösung eines Dilemmas in etwas, worüber wir uns bislang nicht getraut haben nachzudenken.

Mit dem Tetralemma arbeiten

Das (Er-)Spüren der unterschiedlichen Positionen liegt der Arbeit mit dem Tetralemma zugrunde. Hierbei ist es ratsam, mit Bodenankern zu arbeiten. In Beratungssituationen werden analog zur abgebildeten Matrix fünf Positionen mit einem Abstand von ca. 1,5 m auf dem Boden markiert – zum Beispiel mit Moderationskarten. Nach und nach bewegt sich der Klient von Markierung zu Markierung, macht sich das jeweilige Szenario bewusst und schließt die Augen. Die körperliche Bewegung von Position zu Position hilft dabei, in die jeweilige Position »hineinzuspüren« und die Reaktionen seiner Gefühlswelt zu beobachten. In der Zwischenzeit erkundigt sich der Berater, wie sich die Position anfühlt, welche Emotionen dabei entstehen oder ob dem Klienten sonstige Gedanken in den Sinn kommen. Teilnehmer berichten im Anschluss von Positionen, auf denen sie sich unwohl gefühlt haben oder bei denen sich alles rund angefühlt hat.

Alternativ lässt sich das Tetralemma auch schriftlich einsetzen. Wer die fünf Positionen für sich durchdenken möchte, überträgt die Abbildung auf ein separates Blatt Papier und macht sich die folgenden Leitfragen zunutze. Das Beispiel von Daniela wird hier wieder aufgegriffen und ermöglicht ein tieferes Verständnis dieser anspruchsvollen Entscheidungstechnik.

Das eine:
Was verspreche ich mir von dieser Position?
Was gewinne ich hier?
Was ist das Schlechte im Guten?
Welche Kosten oder Defizite sind mit dieser Möglichkeit verbunden?
Was ist das Gute im Schlechten?

Als Stewardess für private Flugzeuge zu arbeiten ist die eine Option für Daniela. In erster Linie verspricht sie sich davon weniger personelle Wechsel – die ständig neu zusammengewürfelten Kabinenbesatzungen empfindet sie als mühsam – und mehr Verantwortung gegenüber den Kunden. Das Schlechte im Guten ist, dass sie noch keine Erfahrung mit der Klientel von Privatfliegern hat. Von einer ehemaligen Kollegin kennt sie beispielsweise die Geschichte, dass ein arabischer Kunde plötzlich einen Truthahn für eine Familienfeier brauchte und sie per Taxi quer durch Nizza fuhr, um ihm diesen Wunsch erfüllen zu können. Das Gute im Schlechten: So gewinnt Daniela endlich den Spielraum für eigene Ideen, den sie in der Kabine immer vermisst hat.

Das andere:
Was verspreche ich mir von dieser Position?
Welche Nachteile sind mit dieser Möglichkeit verbunden?
Was ist das Gute im Schlechten?
Welche Vorteile lassen sich erkennen?
Was ist das Schlechte im Guten?

Das andere ist der Weg an die Universität. Daniela verspricht sich davon das Fundament für langfristige berufliche Alternativen. Da sie selbst bereits an einem Instagram-Kanal arbeitet, könnte sie sich später eine Tätigkeit im Social-Media-Marketing vorstellen – gerne bei einer Airline. Der größte Nachteil ist, dass sie ihren Lebensstandard nicht halten wird. Gleichzeitig sieht sie als Vorteil, dass sie über einen Nebenjob als Hostess zahlreiche Kontakte knüpfen kann, die später hilfreich sein könnten. Daran, dass sie innerlich bereit ist, finanzielle Abstriche zu machen, erkennt sie, wie gut ihr diese Position gefällt.

Beides:
Was haben beide Positionen gemeinsam?
Worin unterscheiden sich die Optionen?
Wie könnte ich die Optionen verknüpfen?
Ist manchmal das eine und ein nächstes Mal das andere richtig?
Inwiefern könnte ich mich als Kompromiss erst für das eine und später für das andere entscheiden?

Hier wird Daniela schnell darauf aufmerksam, dass die Fluggesellschaften auf der Suche nach gutem Personal verstärkt nebenberufliche Studiengänge anbieten. Obwohl dies bedeuten würde, dass sie wie bislang als Flugbegleiterin weiterarbeitet, ist sie von dieser Idee angetan. In dem Zusammenhang fällt ihr auch auf, dass sie unter diesen Umständen selbst nach einem Vollzeitstudium jederzeit wieder als Stewardess arbeiten könnte. Diese Erkenntnis reduziert den Entscheidungsdruck, den sie sich mittlerweile macht.

Keins von beidem:
Was reizt mich an dieser Position?
Was spricht gegen diese Position?
Worum geht es hier wirklich?
Was könnte hier vielleicht auch noch eine Lösung sein?

Diese Position ist eine geistige Herausforderung und versetzt Daniela zunächst in einen längeren Prozess des Nachdenkens. Dann fällt ihr auf, wie viel Freude es ihr bereitet, ihren Instagram-Kanal zu pflegen, Fotos zu machen, die Beiträge zu schreiben und auf Kommentare zu reagieren (Stichwort Service). Mittlerweile hat sie bei über 18 000 Followern auch die ersten Anfragen zur Platzierung von Produkten erhalten – ob dies eine berufliche Perspektive sein könnte, hatte sie sich bislang nicht gefragt.

All dies nicht und selbst das nicht:
Was fällt mir spontan ein?
Habe ich unausgesprochene Geheimnisse?

Was würde ich gerne tun, auch wenn es mit der Fragestellung nichts zu tun hat?
Um was geht es für mich wirklich?

Die fünfte Position ist anspruchsvoll, aber Daniela kommen schnell ein paar Ideen dazu: In Wahrheit hat sie bislang völlig missachtet, wie sich ihre beruflichen Optionen auf eine Familienplanung auswirken. Ihre Beziehung ist noch frisch, aber dennoch nimmt sie diesen Punkt zum Anlass, ihre Überlegungen neu zu bewerten. Abgesehen davon kommt sie auf eine völlig neue Idee: Ihr internationales Profil, ihre Erfahrung mit den sozialen Medien und ihr erfolgreich aufgebauter Kanal könnten Argument genug sein, dass sie als Social-Media-Managerin arbeiten kann. So könnte sie sich ein junges Unternehmen suchen, das Lebenserfahrung höher bewertet als einen Lebenslauf, oder eine bekannte Persönlichkeit betreuen. Da sie ohnehin nicht so gern im Mittelpunkt steht, stößt bei ihr der Gedanke an eine Tätigkeit als »rechte Hand für die digitale Welt« auf große Resonanz. Angetan von dieser Idee, beginnt sie sich auszumalen, wie sie dabei die Person auf Reisen begleiten, ihre Leidenschaft für exzellenten Service in die digitale Welt übertragen und einen großen Spielraum für eigene Ideen verantworten kann.

Tetralemma interpretieren

In kritischen Entscheidungssituationen fordert das Tetralemma unseren Geist und fördert unsere persönliche Perspektive wie kaum ein anderes Tool. Unsere Lebenszeit ist zu kurz, um in schwarz-weißen Schablonen zu denken. Danielas Erfahrung zeigt, wie bunt das Leben sein kann, wenn wir uns mit den richtigen methodischen Mitteln auf neue Gedanken einlassen.

Das Leben ist zu kurz, um in schwarz-weißen Schablonen zu denken. Das Leben ist bunt!

Das Tetralemma durchbricht unsere Denkmuster, sofern wir es zulassen. Wenn wir die Fragen überfliegen und flüchtig nach Antworten suchen, finden wir das, was wir bereits kennen. Die Wirksamkeit liegt vor allem in der Nutzung von Bodenankern. Durch diese Aufstellungsarbeit lassen sich die unterschiedlichen Positionen nicht nur rational verwerten, sondern auch körperlich nachempfinden. Positionen, die wir tatsächlich im Raum einnehmen, können Erleichterung, Freude, Ärger oder Angst auslösen, denn unser Körperempfinden ist ein unmittelbares Messinstrument unseres Bauchgefühls. So können wir der richtigen Richtung auf die Spur kommen.

Manchmal mündet die Arbeit mit dem Tetralemma auch in der Entscheidung, dass nicht entschieden wird – auch das ist eine Entscheidung. Wenn jemand mit keiner der reflektierten Positionen warm wird, ist die Zeit möglicherweise noch nicht reif. Solange wir ein gutes Gefühl bei dieser (Nicht-)Entscheidung haben, ist es die richtige Entscheidung. Ein kleines Beispiel:

Emilia steht kurz davor, ihr Lehramtsstudium abzuschließen. Die Qual der Wahl: Sollte sie als Lehrerin zu arbeiten beginnen oder dem Ruf ihres Professors folgen und als wissenschaftliche Mitarbeiterin eine Promotion an der Universität beginnen? Nach einem ausführlichen Austausch über die Vor- und Nachteile wirkt sie orientierungslos – beides hat seinen Charme. Klar wird dabei aber auch, dass das bevorstehende Praktikum in einer Schule maßgeblich für ihre Entscheidung sein wird, denn sie ist der Ansicht, dass ihr noch die nötige Erfahrung fehlt, um die Entscheidung zu treffen. Mit dem Gedanken, die Entscheidung um vier Monate zu vertagen, um die Erfahrungswerte in der Praxis unvoreingenommen abzuwarten, schließt sie schnell Frieden. Die Erleichterung ist ihr anzumerken. Um unser Haus nicht auf Sand zu bauen, ist es in einer solchen Situation hilfreich, geduldig zu sein.

Argumente wiegen

Die ersten vier Tools dieses Kapitels widmeten sich geistigen Turn-übungen: Das Perspektiven^3-Tool, die 6 Denkhüte, Think 360 und das Tetralemma schulten die Fähigkeit der Reflexion und waren besonders für Menschen geeignet, die sich beim Nachdenken bevorzugt in ihrer Vorstellungskraft aufhalten und nach innen horchen. Die nächsten vier Techniken widmen sich eher einer Entscheidungsfindung, die eine optische Darstellung der gestellten Fragen bevorzugt, und eignen sich für Menschen, die lieber sehen, worüber sie nachdenken. Im Folgenden wird dafür die technische Fähigkeit der Analyse trainiert, wobei im Unterschied zu den bisherigen Tools sowohl qualitative als auch quantitative Entscheidungselemente berücksichtigt werden.

Den Auftakt macht eines der einfachsten Tools zur Entscheidungsfindung: die Argumentewaage. Es eignet sich für Entscheidungen mit einer überschaubaren Anzahl an Handlungsoptionen (maximal vier) und passt auf jeden Bierdeckel. Das Prinzip ist einfach: Bei anstehenden Entscheidungen teilt sich das Stimmenwirrwarr unseres Kopfes in Pro und Kontra – wir sortieren und bringen das Ganze zu Papier.

Pro und Kontra gegeneinander abwägen

Bei diesem Tool arbeiten wir mit einer einfachen Tabelle. Die infrage kommenden Entscheidungsoptionen werden in die Zeilen der linken Spalte geschrieben. Anschließend sammeln wir sämtliche positiven Argumente sowie die Aspekte, die gegen die Option sprechen. Es gilt, darauf zu achten, dass wir ein Argument immer auch bei den restlichen Entscheidungsoptionen mitberücksichtigen. Wenn Daniela beispielsweise argumentiert, dass die Arbeit als private Stewardess lukrativer ist, dann sollte sie den finanziellen Aspekt auch bei den übrigen Optionen bewerten.

Argumentewaage

Optionen	Vorteile	Nachteile
A Fortführung Stewardess		
B Private Stewardess		
C Beginn eines Studiums		

Argumentewaage interpretieren

Wenn du die Bewertung deiner Optionen auf dich wirken lässt, wird dir auffallen, dass die Argumentewaage für eine erste Sortierung geeignet ist. Vermutlich braucht es aber noch weitere Überlegungen, um zu einer zuverlässigen Entscheidung zu gelangen.

Reflexion

Viele Menschen machen die Erfahrung, dass es ihnen leichter fällt, Nachteile aufzuzählen – geht es dir genauso?

Die folgenden drei Vor- und Nachteile spielen bei meiner Bewertung eine besonders wichtige Rolle:

Suche dir einen Nachteil, der für dich entscheidungsrelevant ist. Welche Chance versteckt sich in diesem Nachteil?

Reihenfolge erstellen

Jetzt wird es wieder etwas umfangreicher. Der Paarvergleich hilft uns, unsere Optionen in eine klare Reihenfolge zu bringen. Die Anwendung eignet sich dann, wenn die vorhandenen Handlungsoptionen schwer miteinander zu vergleichen sind. Hilfreich ist, wenn mindestens fünf Optionen zur Entscheidung stehen. Damit der Entscheidungsprozess dennoch einfach und überschaubar bleibt, werden immer nur zwei Optionen direkt miteinander verglichen.

Kombinationen analysieren

Im ersten Schritt definieren wir wieder alle möglichen Entscheidungs-optionen. Jede Option bekommt als Abkürzung einen Buchstaben zugeordnet, der in die erste Spalte und Zeile der Tabelle eingetragen wird. Alle Zellen oberhalb der gedachten Diagonalen sind Kombinationen mit sich selbst oder Doppelungen. Wie in der Darstellung abgebildet, können wir diese Zellen vernachlässigen.

Paarvergleich

Optionen	A	B	C	D	E
A	–	–	–	–	–
B		–	–	–	–
C			–	–	–
D				–	–
E					–

Im nächsten Schritt betrachten wir alle übrig gebliebenen Kombinationen aus Zeile und Spalte und vergleichen die Optionen paarweise. Die Frage, die es jeweils zu beantworten gilt, lautet: Welche der beiden Optionen ist die bessere? Danach tragen wir den Buchstaben der gewählten Option in das jeweilige Kästchen ein.

Das Ergebnis erhalten wir, wenn wir zählen, wie oft jeder Buchstabe genannt wurde. Die meisten Nennungen ergeben den Gewinner. Falls sich die gleiche Anzahl an Nennungen für einen zweiten Gewinner ergeben sollte, lassen sich andere Tools dieses Kapitels einsetzen, um die beiden Gewinner direkt miteinander zu vergleichen – auch dafür eignet sich beispielsweise die Argumentewaage.

Danielas berufliche Gedankenspiele

Zur Verdeutlichung des Paarvergleichs stellen wir uns vor, dass die Flugbegleiterin Daniela ihre Optionen in der Luftfahrt vergleichen möchte. Sie könnte die Wahl zwischen den folgenden beruflichen Stationen haben:

A = ihrer Airline treu bleiben
B = zu einer anderen deutschen Airline wechseln
C = zu einer arabischen Airline wechseln und auswandern
D = zu einer privaten Airline in Deutschland wechseln
E = zu einer privaten Airline nach London wechseln

Paarvergleich – Danielas Ergebnisse

Optionen	A	B	C	D	E
A	–	–	–	–	–
B	A	–	–	–	–
C	A	C	–	–	–
D	D	D	D	–	–
E	A	E	E	D	–

Durch den direkten Vergleich ergibt sich die folgende Reihenfolge ihrer Entscheidungsoptionen:

D = 4 ×
A = 3 ×
E = 2 ×
C = 1 ×
B = 0 ×

Damit kristalliert sich mit der privaten Airline in Deutschland ein klarer Gewinner heraus.

Der Vorteil einer solchen Rangliste ist, dass sie automatisch unser Gefühl validiert. Wenn wir mit Daniela tauschen würden, hätte jeder von uns umgehend ein intuitives Gefühl, ob der Gewinner »richtig« ist und ob die Reihenfolge sich »gut« anfühlt, denn eine derartige Reihenfolge spricht die leisen Stimmen unseres Unterbewusstseins aus.

Kontraste erkennen

Während der Paarvergleich ab einer Anzahl von fünf Entscheidungsoptionen sinnvoll ist, gibt es genügend Situationen, in denen wir nicht zwischen so vielen Optionen für Klarheit sorgen müssen. Für den direkten Vergleich einer geringeren Anzahl an Alternativen (es sollten maximal drei Optionen sein) eignet sich das Polaritäten-Tool. Durch die Bewertung von Kriterien und die Visualisierung der Ergebnisse ergibt sich eine Ergänzung der Argumentewaage und wirksame Unterstützung bei der Entscheidungsfindung.

Polaritäten sichtbar machen

Zunächst sammeln wir in der ersten Spalte einer Tabelle die Vergleichskriterien, die uns wichtig sind. Es geht also darum, alle Einflussfaktoren zusammenzuführen, die unsere Entscheidung maßgeblich tangieren. Bei einer beruflichen Neuausrichtung könnte das der Wohnort, die Höhe des Gehalts oder die Entfernung zum Arbeitsplatz sein. In den restlichen Spalten findet sich eine einfache Skala von sehr gut (++) bis sehr schlecht (--).

Polaritäten-Tool

Was mir wichtig ist	++	+	0	-	--
Wohnort					
Gehalt					
Entfernung zum Arbeitsplatz					
Kriterium 4					
Kriterium 5					
Kriterium 6					
Kriterium 7					

Jede Entscheidungsoption wird nunmehr anhand der in der Tabelle gesammelten Einflussfaktoren bewertet. Hier ist es wichtig, dass wir Reihe für Reihe vorgehen, damit die zur Entscheidung stehenden Optionen direkt miteinander verglichen werden. Die Bewertungen können mit unterschiedlichen Farben eingezeichnet werden, sodass sich das Ergebnis automatisch auch grafisch zeigt.

Danielas engere Auswahl

Bei der Anwendung des Paarvergleichs gerieten für Daniela die Buchstaben D und A in die engere Auswahl ihres nächsten beruflichen Schrittes. Mithilfe des Polaritäten-Tools kann sie sich für diese beiden Optionen ein genaueres Bild machen und den Verbleib bei ihrem jetzigen Arbeitgeber (schwarze Linie) mit dem Wechsel zu einer privaten Airline (graue Linie) vergleichen.

Danielas Polaritäten-Tool

Was mir wichtig ist	++	+	0	-	--
Wohnort					
Gehalt					
Entfernung zum Arbeitsplatz					
Kriterium 4					
Kriterium 5					
Kriterium 6					
Kriterium 7					

Durch die Visualisierung lassen sich die Kontraste der beiden Entscheidungsoptionen leicht erkennen. Auf dieser Basis kann Daniela beurteilen, welche Bedeutung sie den Unterschieden beimisst. So ist der Aufwand für Umzug & Co. zwar nervig, aber im Vergleich zu der Möglichkeit, eigene Ideen im Job umzusetzen, weniger relevant. Letztendlich zeigt das Polaritäten-Tool nichts anderes als das Stärken-Schwächen-Profil der Entscheidungsoptionen. Die einfache Form der grafischen Darstellung hilft uns, Klarheit über die wichtigsten Einflussfaktoren zu gewinnen. Erst wenn uns klar wird, was uns bei der Entscheidungsfindung tatsächlich motiviert, können wir diese Erkenntnisse in unserem Entscheidungsprozess bewusst und konstruktiv berücksichtigen. Ein kurzes Beispiel:

Daniela ist ein Familienmensch. Das wusste sie schon vor der Anwendung des Tools. Aber dass die Nähe zu ihrer Familie für sie ein »Deal Breaker« ist, war ihr mit Blick auf alle anderen Einflussfaktoren neu. Bevor sie sich also dafür entscheidet, ihrem jetzigen Arbeitgeber treu zu bleiben, könnte sie das Gespräch mit ihren Eltern suchen. Womöglich würden ihre Eltern sagen, dass sie eine derartige Entscheidung nicht von ihnen abhängig machen sollte und dass sie sich ohnehin vornehmen könnten, sie regelmäßig zu besuchen. So kann sich Daniela beruflich weiterentwickeln, der Kontakt bleibt bestehen und gleichzeitig reisen ihre Eltern vermehrt – etwas, was sie sich für ihre Rente vorgenommen hatten. Erst wenn uns bewusst wird, welche Steine uns im Weg liegen, können wir aus ihnen etwas Schönes bauen – das Polaritäten-Tool hilft uns, diese Steine wahrzunehmen.

Nutzen berechnen

Durch die Anwendung des Polaritäten-Tools wurden die Unterschiede zwischen den zur Auswahl stehenden Optionen und ihren Einflussfaktoren sichtbar. Jedoch wurde in dem aufgegriffenen Beispiel von Daniela deutlich, dass die individuell wahrgenommene Relevanz der Einflussfaktoren nicht berücksichtigt wird. So fällt bei Daniela die Umsetzung der eigenen Ideen (Ausprägung + bei der grauen Linie) stärker ins Gewicht als der geringe Aufwand für einen Umzug (Ausprägung ++ bei der schwarzen Linie). Diesen Gedanken der unterschiedlichen Gewichtigkeit greift schließlich die Nutzwertanalyse auf.

Die Nutzwertanalyse baut auf der Logik des Polaritäten-Tools auf und eignet sich für komplexe Entscheidungen mit mehreren Optionen und zahlreichen Vergleichskriterien. Bei manchen Entscheidungen hilft eine quantitative Komponente, um die Handlungsoptionen mit konkreten Zahlen zu vergleichen. Das Resultat lässt die Herzen von Zahlenmenschen höherschlagen: Man erzielt einen eindeutigen Gewinner nach Punkten.

Vorbereitung der Nutzwertanalyse

Wie zuvor sammeln wir in der ersten Spalte zunächst die Kriterien, die unsere Entscheidungsoptionen maßgeblich beeinflussen. In der zweiten Spalte legen wir fest, wie hoch wir den Einfluss des jeweiligen Kriteriums gewichten. Um die Bedeutung zu beurteilen, arbeiten wir mit einer Skala von 1 (wichtig) bis 5 (am wichtigsten). Die Beurteilung der Einflussfaktoren wird diesmal nicht gezeichnet, sondern hinsichtlich ihrer Ausprägung quantifiziert. Dafür arbeiten wir mit einer Skala von 1 (sehr schlecht) bis 10 Punkten (sehr gut). Anschließend multiplizieren wir die Gewichtung mit der vergebenen Punktezahl zu einer Zwischenbewertung und erhalten schließlich eine Summe. Diese Zahl drückt die Nützlichkeit der Entscheidungsoption aus und lässt sich mit den anderen direkt vergleichen.

Nutzwertanalyse

Was mir wichtig ist	Gewicht (1 – 5)	Option A		Option B		Option C	
		Pkt. (1 – 10)	Bew.	Pkt. (1 – 10)	Bew.	Pkt. (1 – 10)	Bew.
Kriterium 1							
Kriterium 2							
Kriterium 3							
Kriterium 4							
Kriterium 5							
Nützlichkeit							

Danielas Entscheidung

Auch Daniela kann das Polaritäten-Tool mit einer Nutzwertanalyse ergänzen. Da nur die ersten zwei Zeilen ausgefüllt sind, bist du an der Reihe: Wie würdest du an Danielas Stelle die Einflussfaktoren beurteilen? Jetzt, wo du ihre Situation ein bisschen kennengelernt hast, kannst du die restlichen Zeilen ausfüllen. Für welche Option sollte sie sich entscheiden?

Danielas Nutzwertanalyse

Was mir wichtig ist	Gewicht (1 – 5)	Arbeitgeber treu bleiben		Zur privaten Airline wechseln	
		Pkt. (1 – 10)	Bew. (G × P)	Pkt. (1 – 10)	Bew. (G × P)
Eigene Ideen umsetzen	5	3	15	8	40
Relevanz von Service	4	7	28	9	36
Finanzielle Perspektive					
Arbeitszeiten					
Kundenklientel					
Aufwand für Umzug etc.					
Nähe zur Familie					
Nützlichkeit					

Der folgende Aspekt kann bei der Nutzwertanalyse ein Stolperstein sein: Beachte, wie sich der Gesamtwert einer Entscheidungsoption zusammensetzt. Es kann vorkommen, dass eine Option die größte Nützlichkeit aufweist, aber bei den dir wichtigsten Einflussfaktoren (Gewichtung = 5) vergleichsweise schlecht dasteht. So würde sich berechtigterweise die Frage stellen, ob die Option, die den Punkteverlust bei wichtigen Faktoren durch den Punktgewinn bei eher unwichtigen Kriterien kompensiert, tatsächlich die bessere Entscheidung ist.

Auch wenn diese Entscheidungstechnik mathematischen Charakter aufweist, sollten wir aus einer beruflichen Entscheidung keine Mathematikaufgabe machen. Gleichwohl sprechen die Ergebnisse unser Bauchgefühl an, und wer sich genau beobachtet, wird über aufschlussreiche Erkenntnisse stolpern.

Kurz innehalten

Der Patient: Elliot hatte einen gut bezahlten Job, war beliebt bei seinen Kollegen, respektiert von seinen jüngeren Geschwistern und ein pflichtbewusster Ehemann. Irgendwann begannen ihn regelmäßig starke Kopfschmerzen zu plagen. Er ließ sich untersuchen. Die Diagnose war eine Zäsur in seinem Leben: Ein Gehirntumor hatte sich ausgebreitet. Obwohl dieser erfolgreich herausoperiert werden konnte, hatte er bereits den Frontallappen des Gehirns beschädigt.

Das Problem: Obwohl Elliot nach der Operation immer noch ein freundlicher und intelligenter Mann war, dessen körperliche und kognitive Fähigkeiten nicht eingeschränkt waren, glitt ihm sein Leben langsam, aber sicher aus den Händen: Seine Arbeit vermochte er nicht mehr zuverlässig zu erledigen, sodass ihn sein Chef nicht halten konnte. Zusätzlich ging sein Investment in ein dubioses Schneeballsystem schief, seine Ehe scheiterte, danach die zweite und schließlich wohnte er als Arbeitsloser bei einem seiner Geschwister. Unterschiedliche Ärzte waren sich einig, dass sich Elliot einfach einmal zusammenreißen müsste, um wieder auf eigenen Beinen zu stehen.

Elliot wurde schließlich dem portugiesischen Neurowissenschaftler Antonio Damasio vorgestellt. Ausgestattet mit persönlichem Ehrgeiz und wissenschaftlicher Neugier versuchte dieser, die dramatischen Veränderungen nachzuvollziehen. Dabei fiel ihm auf, dass die kleinsten alltäglichen Dinge Elliot überforderten. Welches Paar Schuhe sollte er anziehen? Welchen Radiosender sollte er hören? Sollte er die Treppe oder den Fahrstuhl nehmen? Jede Entscheidungssituation verursachte oft stundenlange Unentschlossenheit. Mit 35 Jahren war Elliot alltagsuntauglich geworden.

Der Neurowissenschaftler stellte umfangreiche Untersuchungen an, bis ihm klar wurde, dass er sich bislang nur mit Elliots Intellekt beschäftigt hatte – der Intellekt jedoch war durch die Operation nicht in Mitleidenschaft gezogen worden. Was stattdessen immer stärker auffiel, war Elliots emotionale Distanz – selbst die Tragödie seines eigenen Lebens ließ ihn kalt. Der Doktor ging dieser Spur nach und führte einen Test seiner Emotionalität durch. Dabei zeigte er ihm u. a. Bilder von brennenden Häusern, grausamen Unfällen und ertrinkenden Menschen. Elliot war bewusst, dass diese Bilder früher starke Emotionen in ihm ausgelöst hätten – jetzt war das nicht mehr der Fall.

Als Folge dieser Gefühlskälte versuchte Elliot, alle Entscheidungen zu durchdenken, und scheiterte dabei an der unendlichen Komplexität banalster Dinge. Eine Option fühlte sich an wie jede andere. Das Resultat in seinem Alltag: quälender Stillstand. Das Resultat in der Wissenschaft: eine bahnbrechende Sensation. Denn bislang ging die Wissenschaft davon aus, dass die Ratio der Erfolgsgarant unserer Entscheidungen sei. Antonio Damasio konnte beweisen, dass unser Verstand auch unser Gefühl braucht – vor allem, wenn es bei einer Entscheidung weder »richtig« noch »falsch« gibt. Das ist wiederum meistens der Fall, egal ob wir morgens ein Paar Schuhe auswählen oder uns als Flugbegleiterin beruflich verändern wollen.

Emotionen entlasten unser Gehirn. Ansonsten wären wir nicht in der Lage, rund 20 000 Entscheidungen pro Tag zu treffen. Auch Albert Einstein wunderte sich über unsere kopflastige Lebensführung: »Die Intuition ist ein göttliches Geschenk, der denkende Verstand ein treuer Diener. Es ist paradox, dass wir heutzutage angefangen haben, den Diener zu verehren und die göttliche Gabe zu entweihen.«

Da dieses Kapitel unseren Verstand stark in den Fokus rückt, möchte ich Einsteins Gedanken aufgreifen: Analysen, Abwägungen und Argumente dienen uns zur Entscheidungsfindung besonders dann, wenn wir ihre Ergebnisse mit dem spontanen Impuls unseres Ichs abgleichen können.

Es geht darum, im richtigen Moment den Ruf der Ratio wahrzunehmen, aber letztendlich auf die flüsternde Stimme unserer Intuition zu vertrauen.

In diesem Kontext gewinnt das Entdecken des roten Fadens unseres Lebens besondere Bedeutung. Der rote Faden ist als aus dem Unterbewusstsein zutage geförderte Intuition zu verstehen, die wir mit wenigen Worten benennen können. Wenn du dich erinnerst, ging es dabei nicht um »richtig« oder »falsch«, sondern darum, ob du dich mit einer Formulierung wohlfühlst oder nicht. Bei den meisten Entscheidungen in unserem Leben geht es nicht um »richtig« oder »falsch«, denn dies suggeriert, dass es einen allgemeingültigen Weg gibt. »Richtig« ist deswegen im Sinne von »für mich richtig« oder noch konkreter »zu meiner DNA passend« zu verstehen. Passt diese Beziehung zu mir? Passt diese Entscheidung zu meinem Leben? Passt dieser Job zu meiner DNA? Der rote Faden dient uns dabei als Filter, um die passende Antwort zu finden und eine gute Entscheidung zu treffen.

6. DIE ZIELLINIE ERREICHEN

An den kältesten Orten der Erde, wo jegliches Leben unmöglich ist, hat Roald Amundsen gelernt, worauf es im Leben eines Polarforschers ankommt. Seine tiefe Überzeugung: »Der Sieg erwartet denjenigen, der geordnet vorgeht – Glück nennt man das. Die Niederlage ist dem gewiss, der versäumt hat, beizeiten notwendige Vorsichtsmaßnahmen zu treffen. Das nennt man Unglück.«[24]

Schon in der Kindheit fesselten Roald Amundsen die Geschichten von Polarreisenden. Um seinem Wunsch, Polarforscher zu werden, näher zu kommen, wagte er bereits als 16-Jähriger mehrtägige Wanderungen durch die norwegischen Berge. Seine Eltern beäugten sein Interesse skeptisch, zumal seine schulischen Leistungen unter seinen abenteuerlichen Freizeitaktivitäten litten: Das Abitur legte er mit der Note 4 ab. Dennoch ging er an die Universität. »Eine Vernunftsentscheidung«, nannte er dies rückblickend. Als nach seinem Vater auch seine Mutter früh starb, schrieb Amundsen später: »Mit großer Erleichterung verließ ich kurz darauf die Universität, um mich mit ganzer Seele in den Traum meines Lebens zu stürzen.«[25]

Der eiserne Polarforscher und wetterfeste Seefahrer aus Norwegen war bekannt für die akribische Vorbereitung seiner Expeditionen. Stets legte er zahlreiche Nahrungsmittel- und Ausrüstungsdepots an und erkundete sorgfältig die Umgebung. Das zahlte sich aus, und so hinterließ er tiefe Spuren: Er war 1911 der erste Mensch am Südpol und womöglich 1926 auch der erste, der den Nordpol über den Luftweg erreichte. Meere, Gletscher und Forschungsstationen wurden nach ihm benannt und seit 1926 trägt sogar ein Asteroid seinen Namen. Bis heute gilt er als der erfolgreichste Entdecker von Arktis und Antarktis.

Am 18. Juni 1928 nahm sein Leben ein jähes Ende: An diesem Tag machte er sich auf, um einen auf einer Eisscholle in der Arktis abgestürzten Forscherkollegen zu retten. Seitdem gilt er als verschollen. Lediglich ein Benzintank des Flugzeugs wurde gefunden – Spuren an ihm wiesen darauf hin, dass Amundsen und der Pilot versucht hatten, sich damit zu retten.

Roald Amundsen machte seinem Vornamen alle Ehre. Roald bedeutet »der Ruhmvolle«. Bis heute ist seine Bekanntheit ungebrochen: Noch 81 Jahre später fand im Jahr 2009 eine groß angelegte Suchaktion mit modernen Sonaranlagen und Tauchrobotern statt, um seine sterblichen Überreste und das Wrack zu finden. Die Suche wurde ohne Ergebnis eingestellt. Roald Amundsen bleibt dort, wo ihn der Traum seines Lebens hingeführt hatte: an einem der kältesten Orte der Erde.

Wohl wissend, dass sich das Leben nicht in schablonenartige Pläne pressen lässt, setzt sich dieses Kapitel mit der Art und Weise auseinander, wie wir trotzdem vorwärtskommen. Unsere Lebensbedingungen sind zwar nicht durch existenzbedrohende Kälte oder die mögliche Begegnung mit einem Eisbären geprägt, aber dennoch wehen uns manchmal unsere privaten Verpflichtungen kalt um die Ohren, oder wir laufen Gefahr, unseren beruflichen Verbindlichkeiten zum Opfer zu fallen. Wir haben das Gefühl, zu nichts zu kommen – und das Musikinstrument, die Buchidee oder das nebenberufliche Imkerprojekt liegen schon lange auf Eis.

Wie bereits zu Beginn des Buchs erwähnt, antworten viele Menschen auf die Frage nach ihren Zielen, dass sich das Leben nicht planen lässt. Doch kein Fußballtrainer lässt seine Mannschaft ohne Saisonziel trainieren, weil im Fußballspiel unvorhersehbare Dinge passieren können. Das eine hat mit dem anderen nur bedingt etwas zu tun.

Der Sinn eines Ziels ist es nicht, dem Leben die Überraschung zu rauben, sondern auf Überraschungen im Leben vorzubereiten.

Dieses Kapitel ist für diejenigen geschrieben, die im Leben nicht nur vorwärtskommen, sondern auch in die richtige Richtung gehen wollen. Während uns vor allem die Kapitel über den roten Faden und unsere innere Stimme die Richtung vorgeben, bietet dieses Kapitel das nötige Rüstzeug, um unsere Ziele zu erreichen und etwaige Krisen zu meistern. Dafür besteht es aus zwei Teilen:

⇒ Zunächst sprechen wir über die Makroperspektive: Was bedeutet es, sich Ziele zu setzen? Wie formulieren wir ein Ziel mit einfachen Worten? Worüber sollten wir uns noch Gedanken machen, bevor wir uns in die Umsetzung stürzen?

⇒ Anschließend beschäftigen wir uns mit der Mikroperspektive: Wie bleiben wir tagtäglich am Ball? Wie gehen wir unterwegs mit Rückschlägen um? Wie schaffen wir es, jeden Morgen voller Tatendrang aufzuwachen?

Failing to plan is planning to fail

»Sage mir, wie ein Projekt beginnt, und ich sage dir, wie es endet«, ist eine verbreitete Weisheit aus dem Unternehmensalltag, der zahlreiche Ansatzpunkte bietet, um sich mit der Natur des Fortschritts auseinanderzusetzen. Immerhin werden in Konferenzräumen und Chefetagen am laufenden Band Ziele gesetzt, Meilensteine definiert und Ergebnisse gemessen – was natürlich nicht bedeutet, dass sie alle sinnvoll sind, denn nicht alles, was zählt, kann gezählt werden, und nicht alles, was gezählt werden kann, zählt. Aber wer sein Leben für einen kurzen Augenblick durch die Brille des Projektmanagements sieht, für den öffnet sich ein neuer Werkzeugkoffer, um im Leben von A nach B zu kommen. Wie und wofür die einzelnen Tools und Techniken eingesetzt werden können, lässt sich am ehesten beurteilen, wenn wir sie uns im Detail anschauen.

Nicht alles, was zählt, kann gezählt werden, und nicht alles, was gezählt werden kann, zählt.

»Failing to plan is planning to fail«, meint der Geschäftsmann und Zeitmanagement-Experte Alan Lakein. Aufgrund dessen werden in der Praxis von Unternehmen und Unternehmensberatern vor dem Beginn großer Projekte die wesentlichen Bestandteile in einem Projektsteckbrief dokumentiert. Die Zusammenfassung erleichtert beispielsweise die Kommunikation im Kick-off, vermeidet Missverständnisse bei der Arbeitsverteilung und dient der späteren Erfolgskontrolle von vereinbarten Meilensteinen und Zielvorgaben. Auch für uns gilt, dass eine durchdachte Planung der erste Schritt für eine erfolgreiche Umsetzung ist. Der in der Abbildung gezeigte Projektsteckbrief dient uns dabei als Richtschnur, um im Folgenden die Makroperspektive einzunehmen. Die Felder werden wir gemeinsam füllen.

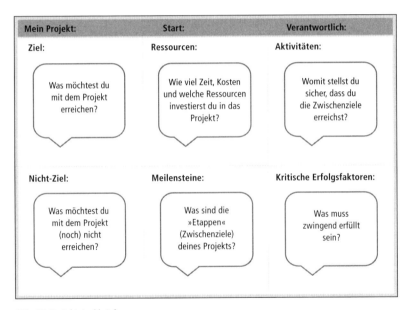

Abb. 15: Projektsteckbrief

Zunächst taufen wir in der Kopfzeile das Projekt oder Vorhaben auf einen Namen – er sollte kurz und knapp deutlich machen, worum es uns geht. Als Datum notieren wir den Tag, an dem wir loslegen. Als Verantwortlichen tragen wir unseren Namen ein – so machen wir uns ganz offiziell bewusst, dass die Durchführung in unseren Händen liegt.

Wohin wir wollen

»Alle aufstehen, die in den Himmel kommen wollen!«, rief Peter Cartwright von seiner Kanzel. 1846 war er ein berühmter Prediger. Der amerikanische Rechtsanwalt und spätere Präsident Abraham Lincoln (1809–1865) befand sich mitten im Kongress-Wahlkampf und saß nun zwischen den Besuchern dieser Messe. Alle Anwesenden erhoben sich – außer Lincoln. »Jetzt alle aufstehen, die nicht in die Hölle kommen wollen!« Wieder erhoben sich alle, außer Lincoln. »Ich bin betrübt, dort hinten Abraham Lincoln offenbar völlig unberührt von meinen Aufrufen zu sehen«, rief Cartwright in die Menge. »Wenn er nicht in den Himmel kommen und nicht der Hölle entkommen will, wird er uns vielleicht verraten, wohin er will?« – »Ich will in den Kongress«, rief Lincoln zurück.[26]

Ziel konkret formulieren

Ziele zu setzen, ist eine Kunst für sich: Je klarer ein Ziel ist, desto unwahrscheinlicher fallen wir Ablenkungen zum Opfer. Je präziser wir es formulieren, desto konsequenter werden wir es umsetzen. Deswegen dient in der Welt von Unternehmen und Unternehmensberatern die Richtlinie SMART als Qualitätskriterium zur Formulierung von Zielen. Relevant wird dies im Rahmen der Zielvereinbarung für einen Mitarbeiter oder im Rahmen des Projektmanagements. SMART ist ein Akronym und steht für:

Specific / Spezifisch: Das Ziel muss eindeutig zu erläutern sein.
Measurable / Messbar: Es muss messbar sein.
Aspirational / Attraktiv: Es muss erstrebenswert sein.
Reasonable / Realistisch: Es muss erreichbar und möglich sein.
Time-bound / Terminiert: Es muss mit festen Daten versehen sein.

Beim Blick auf diese fünf Kriterien zeigt sich auch für Abraham Lincoln noch Luft nach oben. »Ich will in den Kongress« gleicht eher einer Vision als einer konkreten Zielsetzung. Dennoch ist davon auszugehen, dass er zu einer konkreten Zielbeschreibung in der Lage gewesen wäre, hätte ihn jemand nach der Messe gefragt, was er denn mit seiner Aussage meine. Alles andere wäre für eine Persönlichkeit seines Formats eine Überraschung, zumal ihm folgendes Zitat zugeschrieben wird: »Wer im Leben kein Ziel hat, verläuft sich.«

SMART-Kriterien im Detail

In diesem Abschnitt helfen uns Halbsätze dabei, die fünf Kriterien für ein Ziel zu reflektieren. Als Beispiel fungiert wieder Daniela, die sich inzwischen um einen Job bei einer privaten Airline beworben hat. Da ihr durch die Arbeit mit dem Tetralemma ihre hohe Affinität zu den sozialen Medien aufgefallen ist, verfolgt sie ein nebenberufliches Projekt: Wachstum für ihren Instagram-Kanal.

Spezifisch: Die Aussage sollte so konkret wie möglich sein. »Ich möchte mehr mit Menschen arbeiten« ist nicht spezifisch – »Ich möchte in einem Kinderhospiz arbeiten« dagegen schon.

Was ich erreichen möchte, ist …

Daniela beabsichtigt, ihren Instagram-Kanal auszubauen. Konkret bedeutet dies, regelmäßig schöne Fotos und ausführliche Beiträge zu posten, mit ihren Followern zu interagieren und sich in diesem Bereich fortzubilden.

Messbar: Woran erkennen wir, dass wir das Ziel erreicht haben? Hier geht es sowohl um harte Faktoren wie Geld oder Zeit als auch um weiche Faktoren wie Lebensfreude oder Wertschätzung.

Ich habe mein Ziel erreicht, wenn …

Aktuell bekommt Daniela pro Monat eine Kollaborationsanfrage von Unternehmen – diese Zahl würde sie gerne steigern. Jedoch unterscheiden sich die Anfragen stark: Mal erhält sie nur die Produkte und ein anderes Mal zusätzlich noch eine kleine Gage von rund 400 €. Die Anzahl der Anfragen ist also kein zuverlässiges Kriterium. Deswegen legt sie 1000 € im Monat als messbares Ziel fest. Ein weiteres Kriterium sind ihre Follower – deren Zahl möchte sie um 10 000 steigern.

Attraktiv: Handelt es sich bei dem Ziel um etwas Erstrebenswertes oder ist es »mal ganz nett«? Sofern es sich für einen selbst um ein relevantes Ziel handelt, ist das Kriterium erfüllt. Es macht Sinn, wenn wir auf unsere Intention achten, denn dann können wir uns ganz mit einem Ziel identifizieren.

Dieses Ziel ist wichtig für mich, weil ...

Daniela ist sich bewusst, dass der Aufbau ihres Accounts viel Zeit in Anspruch nehmen wird. Da sie aber viel reisen und fliegen wird, bekommt sie genügend Möglichkeiten, um Fotos zu machen und ihre Erlebnisse zu schildern. Aus ihrer Sicht wächst die Bedeutung der sozialen Medien unaufhörlich, und ihr eigener Account ist der glaubwürdigste Beweis dafür, dass sie sich mit der Materie auskennt. Das Ziel ist also für eine langfristige berufliche Perspektive von Bedeutung.

Realistisch: Ist das Ziel erreichbar? Je öfter wir uns Ziele setzen, desto besser können wir die Umsetzungswahrscheinlichkeit einschätzen. Eine Beurteilung der eigenen Fähigkeiten und Ressourcen ist unabdingbar, um ein praktikables Ziel zu formulieren.

Das Ziel ist für mich realistisch, weil ...

Für die Umsetzung benötige ich ...

An diesen Punkt kann Daniela einen Haken machen. Sie hat die Erfahrung, die Fähigkeiten und vor allem genügend Spaß an dem Aufbau ihres Accounts. Sie braucht sich keine Sorgen um die Umsetzung zu machen. Mittlerweile beherrscht sie auch die technischen Anforderungen, die besonders für schöne Fotos nötig sind. Die einzige kritische Ressource ist der Zeitaufwand – dieser hängt wiederum von ihren Arbeitszeiten ab, die sie noch nicht einschätzen kann.

Terminiert: Butter bei die Fische – bis wann soll das Ziel erreicht sein? Getreu dem Motto: »Du kannst einen Elefanten essen – nur nicht an einem Stück«, macht es Sinn, große Ziele in mehrere kleine »Häppchen« zu teilen. Dieses Kriterium steckt den zeitlichen Rahmen ab, denn ein Ziel ist nichts anderes als ein Traum mit einem Termin.

Ich erreiche mein Ziel bis …

In zwölf Monaten möchte Daniela die nächsten 10 000 Follower gewinnen und ihren Kanal so aufbauen, dass sie 1000 € im Monat verdient. Alle vier Monate setzt sie sich einen Meilenstein, um eine Zwischenbilanz zu ziehen und zu prüfen, ob sie etwas anpassen muss.

Übrigens: Zu einer Zielsetzung gehört auch, dass Klarheit darüber besteht, was ausdrücklich *nicht* das Ziel ist. Diese Ergänzung mag auf den ersten Blick trivial sein, hat aber eine praktische Relevanz: Im Unternehmenskontext wirft ein laufendes Projekt typischerweise weitere Fragestellungen auf. So ist die Versuchung groß zu sagen: »Wir könnten uns doch, wenn wir schon einmal dabei sind, gleich auch noch um jenes Problem kümmern.« Das kann verheerend sein und den ursprünglichen Fahrplan gefährden. Deswegen betreibt ein erfahrener Berater Erwartungsmanagement und klärt in diesem Zuge die Nicht-Ziele mit seinen Kunden. Was bedeutet das in unserem Kontext?

Damit sich Daniela in den nächsten zwölf Monaten auf ihr definiertes Ziel fokussieren kann, würde sie beispielsweise ausschließen, dass sie parallel dazu eine YouTube-Präsenz aufbaut. Einige haben ihr schon dazu geraten und natürlich hat sie selbst bereits mit diesem Gedanken gespielt. Doch mit Blick auf ihre zeitlichen Ressourcen würde sie das eher ablenken – wer zwei Hasen jagt, fängt bekanntlich keinen.

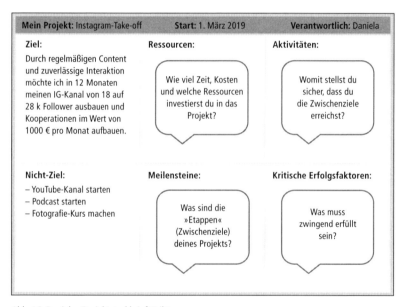

Abb. 16: Danielas Projektsteckbrief, Teil 1

Emotionale Verknüpfung mit einem Ziel

Der Legende nach schrieb Michael Jackson die Zahl »100 000 000« auf seinen Spiegel, um sich monatelang für die Produktion seines 1987 erschienenen Albums »Bad« zu motivieren – er wollte 100 Mio.

Exemplare verkaufen. Vielleicht gelingt es dir, dich auf ähnliche Weise emotional mit deinem Ziel zu verknüpfen. Versetz dich in die Situation, in der du dein Ziel erreicht hast: Wie fühlst du dich? Was hat sich verändert? Worauf bist du stolz? Mit wem teilst du deine Freude? Was siehst, schmeckst, riechst, hörst oder sagst du? Visualisiere diese Gefühle mit einem Bild, einem Foto oder einem Zitat und häng es dort auf, wo es dich jeden Tag findet. So integrierst du einen »friendly reminder« auf deinem Weg zur Ziellinie.

Eine Checkliste als Generalprobe

Princeton ist die viertälteste Universität Amerikas und akademische Heimat von unzähligen prominenten Persönlichkeiten und feinsinnigen Forschern. So ist John Forbes Nash, Mathematiker und Nobelpreisträger, nicht nur jedem Studenten der Wirtschaftswissenschaften durch das in der Spieltheorie fest verankerte Theorem des »Nash-Gleichgewichts«, sondern auch einem breiteren Publikum aus dem Film *A Beautiful Mind* bekannt, in dem Russell Crowe ihn, der unter paranoider Schizophrenie litt, verkörperte. Weniger bekannt, aber dafür umso nützlicher für deinen Umgang mit Zielen ist eine an der Princeton University entwickelte Checkliste, um Geschäftsideen zu evaluieren. Diese Checkliste für Geschäftsideen ergänzen wir um spielerisch-experimentelle Elemente und nutzen sie, um unsere mithilfe der SMART-Kriterien definierte Zielsetzung final auf den Prüfstand zu stellen.

Die Zielsetzung auf dem Prüfstand

Die modifizierte Checkliste besteht aus elf Fragen, die du oft schon mit einem kurzen Ja oder Nein beantworten kannst:

1. Bringt dich das Erreichen des Ziels in deinem Leben weiter?
2. Wofür ist dein Ziel die Lösung?

3. Hast du ein ähnliches Ziel schon einmal verfolgt oder handelt es sich um ein neues Ziel?
4. Worin unterscheidet sich der kurzfristige von dem langfristigen Nutzen deines Ziels?
5. Steht der langfristige Nutzen in einem guten Verhältnis zu deinem zu betreibenden Aufwand?
6. Welche Faktoren begrenzen dein Vorhaben?
7. Was wird deine größte Herausforderung bei der Umsetzung des Ziels sein?
8. Kannst du dein Ziel mit anderen Zielen kombinieren?
9. Kennst du eine Person, die ein ähnliches Ziel verfolgt oder es bereits erreicht hat? Wie und was kannst du von dieser Person lernen?
10. Ist der richtige Zeitpunkt gekommen, um das Ziel anzugehen?
11. Stehst du zu 100 Prozent hinter deinem Ziel?

Wünschst du oder brennst du?

Hat dein Ziel die Generalprobe bestanden? Ohne das Vorhaben kaputt denken zu wollen, bekommen wir durch die Checkliste einen Eindruck, ob sich das Ziel rund anfühlt. Entscheidend ist, wie sehr wir das Ziel wollen – *wünschen* wir uns einen reichweitenstarken Instagram-Account oder *wollen* wir ihn *unbedingt*? *Wünschen* wir uns, das Buch zu schreiben, oder *wollen* wir es *wirklich*? Würden wir gerne mehr Kunden gewinnen oder brennen wir für die Akquise? Wenn es ernst wird, trennt sich die Spreu vom Weizen – das zeigt auch die nächste Geschichte.

»Never run an advertisement you would not want your own family to see« ist eine der großen Werbe-Weisheiten von David Ogilvy. Er gilt bis heute als Koryphäe seines Fachs.[27] Zuvor hatte er sich als Koch, Vertreter, Diplomat und Farmer versucht. Mit 38 war er pleite, musste aber für seine Frau und sein kleines Kind sorgen. Mit 39 gründete er deshalb eine Firma, aus der später eine der erfolgreichsten amerikanischen Werbeagenturen werden sollte. Während seiner

Anfänge pflegte er Magazine und Tageszeitungen durchzublättern, um sich die Anzeigen anzusehen und zu fragen: »Für wen kann ich bessere Anzeigen machen als diese hier?« Obwohl er mit seiner kleinen Agentur gerade erst gestartet war, stellte er eine Liste von fünf großen Etats auf, die er sich nicht *wünschte*, sondern *unbedingt* gewinnen *wollte*: General Foods, Bristol-Myers Squibb, Campbell Soup, Lever Brothers und Shell. Ogilvy schrieb die fünf Namen auf ein Blatt Papier und heftete sie an seinen Badezimmerspiegel. Jeden Tag las er bei der Morgentoilette die fünf Namen. Und jeden Morgen fragte er sich: »Was werde ich heute unternehmen, um einen dieser Etats zu gewinnen?« Er gewann sie alle.

Herausforderungen antizipieren

Eins vorweg: In den seltensten Fällen verläuft ein Projekt reibungslos. Es ist den Irrungen und Wirrungen des Lebens geschuldet, dass wir in Kurven manchmal die Fliehkräfte unterschätzen und das Gleichgewicht verlieren – das gilt für Projekte in einem Unternehmen wie für Vorhaben in unserem Leben. Die Kunst ist es, frühzeitig zu erkennen, welche Kräfte uns in Gefahr bringen und von welchen wir, wenn wir uns richtig in die Kurve legen, profitieren.

Kurt Lewin, einer der einflussreichsten Psychologen unserer Geschichte und Pionier des Change-Managements, hat deshalb die Kräftefeldanalyse entwickelt. Sie ist eine einfache Methode, um die treibenden und bremsenden Faktoren einer Situation zu analysieren. Ziel ist, die Vor- und Nachteile eines Vorhabens zu testen, mögliche Widerstände einer Initiative zu antizipieren und auf etwaige Lösungsmöglichkeiten aufmerksam zu werden.

Kräfte identifizieren

Damit wir die restlichen Felder des Projektsteckbriefes füllen können, führen wir uns hier vor Augen, was das Erreichen der Ziellinie einerseits bremsen und andererseits unterstützen könnte.

Mein Vorhaben würde in Gefahr sein, wenn …

Mein Vorhaben könnte davon profitieren, dass …

Die nächste Abbildung dient als Vorlage, um das identifizierte Chancen- und Gefahrenpotential grafisch darzustellen. Hierfür beurteilen wir die Ausprägung der einzelnen Aspekte auf einer Skala von 1 (schwach) bis 5 (stark).

Für Daniela zeigt sich ein weiteres Mal, dass die Zeit ihre wichtigste Ressource ist. Da sie eine neue Beziehung führt, befürchtet sie den einen oder anderen zeitlichen Engpass. Problematisch für sie ist, dass ihr Freund nichts mit Instagram & Co. anfangen kann. Darüber hinaus ist sie sich unsicher, was ihr Arbeitgeber davon halten wird, wenn ihr Account an Relevanz gewinnt. Womöglich gibt es Faktoren, die sie dabei beachten muss, um die Privatsphäre und Sicherheit der Kunden nicht zu gefährden.

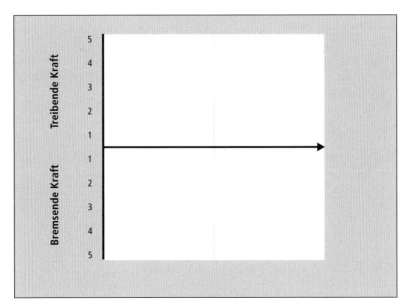

Abb. 17: Kräftefeldanalyse

Als treibende Kraft sieht sie in erster Linie ihren Job an sich. Während viele Influencer einen »Travel-Lifestyle« simulieren, braucht sie für schöne Motive – vor allem bei den Destinationen ihrer Klientel – in ihrer Umgebung nur die Augen offen zu halten. Luxuriöse Hotels und berühmte Strände gewinnen ihrer Erfahrung nach große Aufmerksamkeit in den sozialen Medien.

Kräfte interpretieren

Treibende und bremsende Kräfte zu identifizieren ist eine Sache – zu entscheiden, wie wir mit ihnen umgehen, eine ganz andere. In diesem Zusammenhang hilft dieses Tool von Kurt Lewin dabei, bei möglichen Turbulenzen rechtzeitig angeschnallt zu sein.

Reflexion

Die bremsenden Kräfte, die den größten Einfluss auf mich haben, sind …

Erste Maßnahmen, um aus einer bremsenden eine treibende Kraft zu machen, sind …

Für Daniela steht fest, dass sie ein offenes Gespräch mit ihrem Freund führen wird, um ihn ausführlich in ihre Pläne einzuweihen. Ihr nebenberufliches Projekt sollte in keinem Fall zu einem dauerhaften Reizthema werden. Des Weiteren könnte sie sich gut vorstellen, ihren zukünftigen Arbeitgeber auf das Potential des Firmenauftritts in den sozialen Medien anzusprechen – in Zeiten, wo sogar der Flughafen in Venedig einen Instagram-Account hat, sind die Fotos der privaten Airline nicht mehr als Durchschnitt und die Erläuterungen, um welchen Flugzeugtyp es sich genau handelt, langweilig. Die Menschen wollen Geschichten hören. Sie hätte da direkt ein paar Ideen, um die Arbeitgebermarke zu stärken – möglicherweise ergibt sich sogar eine Zusammenarbeit. Die Vorstellung, dass sie zu 50 Prozent fliegen und zu 50 Prozent Social-Media-Managerin sein könnte, ist (noch) zu schön, um wahr zu sein.

Projektsteckbrief vervollständigen

Auf Basis der SMART-Kriterien, der Checkliste und der Kräftefeld-analyse sind wir nun in der Lage, den Projektsteckbrief mit Meilen-steinen, Aktivitäten, Ressourcen und den kritischen Erfolgsfaktoren zu vervollständigen. Achte darauf, dass du die oberen drei Kästchen schlüssig von links nach rechts lesen kannst: »Um zu … (Ziel), nutze ich … (Ressourcen) und konzentriere mich auf … (Aktivitäten).« Da-nielas Steckbrief dient dir wieder als Orientierung.

Mein Projekt: Instagram-Take-off	Start: 1. März 2019	Verantwortlich: Daniela
Ziel: Durch regelmäßigen Content und zuverlässige Interaktion möchte ich in 12 Monaten meinen IG-Kanal von 18 auf 28 k Follower ausbauen und Kooperationen im Wert von 1000 € pro Monat aufbauen.	**Ressourcen:** – Technische Ausstattung: Smartphone und Bild-bearbeitungsprogramm – Attraktive Reiseziele mit kurzem Aufenthalt – Kontakte zu Unternehmen, um den Kanal vorzustellen – Ca. 1,5 Std. pro Tag für Postings und Interaktion	**Aktivitäten:** 1 Posting pro Tag 1 Video pro Woche 1 Instagram-Story alle 2 Tage – Hot Spots vor Ort besuchen – Fotomotive suchen – Bilder bearbeiten – Hashtags und aktuelle Themen aufgreifen – Beiträge schreiben
Nicht-Ziel: – YouTube-Kanal starten – Podcast starten – Fotografie-Kurs machen	**Meilensteine:** Alle 4 Monate: – Überprüfen, wie sich der Kanal entwickelt (Follower-Wachstum ca. 3000) – Kundenakquise bewerten (Wertsteigerung der Kooperationen um 200 €)	**Kritische Erfolgsfaktoren:** – Zeit (!) – Unterstützung durch meinen Freund – Freiheiten durch Arbeitgeber – Überzeugender Account für Kunden

Abb. 18: Danielas Projektsteckbrief, Teil 2

»Der Sieger hat immer einen Plan, der Verlierer immer eine Aus-rede«, heißt es. Durch diese strukturierte Planung entwickelst du eine Richtschnur, an der du dich in Zukunft orientieren kannst. Gleich-zeitig beweist du dein Commitment und legst den Grundstein für das Überqueren der Ziellinie. Bevor du als gut gerüsteter Manager deines

Projektes loslegst, möchte ich dir noch zwei Projektweisheiten ans Herz legen:

1. Als die Westalliierten mit der Operation Overlord in der Normandie landeten, führte der US-General George Patton das Kommando. Er sagte einmal: »Ein guter Plan heute ist besser als ein perfekter Plan morgen.« In diesem Kapitel steige ich tief in das Management von Projekten ein, um zu zeigen, was alles möglich ist. Wenn du die Techniken anwendest, kannst du dir die passenden Rosinen herauspicken. Mit anderen Worten: Mach aus der Planung deines Projektes keine Wissenschaft, sondern konzentriere dich auf das Wesentliche – am Ende zählt ohnehin nicht die Feinsinnigkeit deines Plans, sondern die Konsequenz deiner Umsetzung.
2. Das Leben lässt sich nach wie vor nicht planen. Deswegen hatte der römische Autor Publilius Syrus recht, als er sagte: »Schlecht ist ein Plan, der sich nicht ändern lässt.« Halte nicht stur an deinem Plan fest, wenn sich die Einflussfaktoren oder Rahmenbedingungen deines Projektes verändern.

Bonus: Deine Mission auf den Punkt bringen

Kennst du die Bürokrankheit »Meetingitis«? Die Ursache dafür ist der gern leicht dahingeworfene Satz: »Lass uns das doch mal in einem Meeting besprechen!« Das Merkmal der Krankheit ist eine nicht endende Flut an Meetings, in denen eigentlich Probleme gelöst, Entscheidungen getroffen und Informationen kommuniziert werden sollen. Stattdessen: »Meetings sind sagenhaft: Jeder sagt was, keiner haftet.«[28] Aber es geht noch schlimmer: Wer als Ergebnis einen Jour fixe, einen regelmäßig stattfindenden Termin, vereinbart, einigt sich endgültig auf eine systematische Produktivitätszerstörung. Das Endstadium der Krankheit ist durch besonders wichtige Meetings gekennzeichnet, die das Ziel haben, die ausufernde Meeting-Kultur einzudämmen.

Die Bürokrankheit wäre nicht so weit verbreitet, wenn wir weniger um den heißen Brei herumreden und einfach mal auf den Punkt kommen würden – genau dafür gibt es die Technik der 3P. Obwohl wir in unserem privaten Leben weniger in Meetings sitzen, können wir auch bei persönlichen Zielen darauf achten, uns auf das Wesentliche zu fokussieren. Auch für private Angelegenheiten gilt: Aus klarem Denken wird Klartext.

Dieser Abschnitt ist als Bonus des Projektsteckbriefs gedacht und hilft uns, unser Ziel oder Projekt in den unterschiedlichsten Situationen auf den Punkt zu bringen – ob für uns selbst oder beim Gespräch mit den Eltern, der Familie, dem Partner. Das Ergebnis ist ein »Mission Statement«.

3P formulieren

Purpose (Zweck): Hier geht es darum, unsere Absicht und den Zweck des Vorhabens zu formulieren. Also: Warum verfolgen wir dieses Ziel? Was motiviert uns?

Das Ziel ist mir wichtig, weil …

Process (Vorgehen): Hier geht es darum, unser Vorgehen zu beschreiben. Also: Wie gehen wir vor? Worauf kommt es bei der Umsetzung an?

Was ich machen werde, um das Ziel zu erreichen, ist ...

Pay-off (Nutzen): Hier geht es darum, den Nutzen zu konkretisieren. Also: Was bringt uns das Ganze? Was ermöglicht uns das erreichte Ziel oder durchgeführte Projekt?

Durch das Erreichen des Ziels werde ich ...

Mission formulieren

Jetzt fügen wir die Antworten zu einem prägnanten Statement zusammen. Dabei orientieren wir uns an der folgenden Struktur:

Um zu ... (Zweck), **werde ich** ... (Vorgehen), **sodass** ... (Nutzen).

Purpose: Zweck formulieren – warum mache ich das?
Process: Vorgehensweise klären – wie gehe ich vor?
Pay-off: Nutzen kommunizieren – was habe ich davon?

In Danielas Situation könnte ihr Mission Statement wie folgt lauten:
Um beruflich meine Leidenschaft für Service und die Umsetzung eigener Ideen stärker ausleben **zu** können, **werde ich** meinen Instagram-

Account weiter aufbauen, **sodass** ich nebenher Geld verdiene und nicht mein Leben lang an den Job einer Flugbegleiterin gebunden bin.

Um die Präsenz deiner Mission sichtbarer zu machen, kannst du dir das Statement jeden Morgen nach dem Aufstehen oder jeden Abend vor dem Schlafengehen durchlesen – die Spiegel in den Badezimmern von Michael Jackson und David Ogilvy lassen grüßen.

Jeden Tag dranbleiben

Nachdem wir aus der Makroperspektive unsere Ziele formuliert (SMART), sie einer Generalprobe unterzogen (Checkliste) und sämtliche Herausforderungen antizipiert haben (Kräftefeldanalyse), geht es nun aus der Mikroperspektive ans Eingemachte.

Wenn wir an den eisernen Polarforscher Roald Amundsen zurückdenken, der mit akribischer Planung und bedingungsloser Leidenschaft seinen Expeditionszielen folgte, wird ein Erfolgsfaktor deutlich: Derjenige, der im unendlichen Weiß der Polarregionen die Orientierung verloren hat, ist nicht in der Lage, den sinnvollsten Weg zum Zielpunkt zu planen, und hat keinerlei Chance, darauf zu achten, dass die gesamte Expedition auf Kurs bleibt. Gleiches gilt für dich als CEO deines Lebens: Das Daily Management (auch Shopfloor-Management genannt) ist ein Führungsinstrument, um inmitten des alltäglichen operativen Trubels den Standort zu bestimmen, die eingeschlagene Route zum Ziel zu überprüfen und den Fortschritt zu kontrollieren.

Ursprünglich stammt das Tool aus der seit dem Zweiten Weltkrieg aufstrebenden japanischen Automobilindustrie. Da die Japaner nach dem verlorenen Krieg unter anderen Vorzeichen als ihre westlichen Konkurrenten wirtschaften mussten, entwickelten sie auch andere Führungsstile: Die Abläufe in japanischen Unternehmen wurden für jeden Mitarbeiter transparent gemacht, Probleme in einer offenen Fehlerkultur ehrlich angesprochen, Kennzahlen und relevante Zusammenhänge so visualisiert, dass sie jeder Mitarbeiter verstehen konnte, und mithilfe von »Kaizen« eine lernende Arbeitskultur geschaffen. »Kaizen« beschreibt einen kontinuierlichen Veränderungsprozess (»kai«) zum Besseren (»zen«). Heute ist das Daily Management Dreh- und Angelpunkt der Verbesserungsphilosophie Lean Management – einer Managementphilosophie, die viele westliche Unternehmen versuchen zu kopieren. Dieses Daily Management basiert auf einem täglichen sog. Stand-up-Meeting, also einem Meeting im Stehen, und findet vor einem sog. Shopfloor-Board statt, auf dem die wichtigsten Ziele, Kennzahlen, Probleme und Verbesserungsmaßnahmen als Diskussionsgrundlage visualisiert werden.

Ich habe zwei selbst geschriebene Fachbücher und zahlreiche Beratungsprojekte gebraucht, um zu realisieren, dass sich das methodische Prinzip des Kaizen auf unser Leben übertragen lässt: So wie die Verantwortlichen eines Projektes oder die Mitarbeiter einer Fertigungslinie durch die Struktur eines täglichen Problemlösungsprozesses Verantwortung für die Erreichung ihrer Ziele übernehmen, können auch wir uns in regelmäßigen Abständen fragen: Wo stehe ich mit Blick auf mein Ziel? Welche Probleme gibt es? Welche Verbesserungsmaßnahmen plane ich? Das Ziel unseres Daily (Life-)Managements ist klar: die Qualität unseres Lebens kontinuierlich verbessern.

Daily Management

Im Unternehmen führen die Mitarbeiter das Stand-up-Meeting vor dem Shopfloor-Board durch. Meistens wird dafür ein Whiteboard oder eine große Pinnwand benutzt. Vermutlich stehen dir zu Hause weder Whiteboard noch Flipchart zur Verfügung, weswegen auch ein einfaches Blatt Papier oder eine Seite in einem Notizbüchlein ausreichen. In diesem Abschnitt lernen wir, worauf es bei der täglichen Reflexionsübung inhaltlich ankommt, und wir diskutieren Ideen, wie sich die Technik des Daily Managements in unseren Alltag integrieren lässt. Was du tatsächlich daraus machst, bleibt dir überlassen. Der

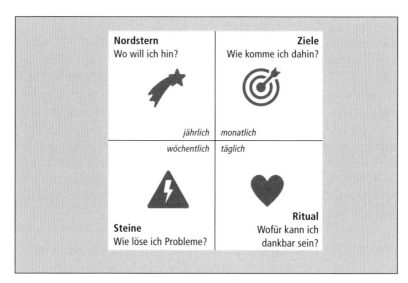

Abb.19: Daily Document

individuellen Ausgestaltung des Daily Managements sind keine Grenzen gesetzt.

Inhaltlich besteht die Idee der kontinuierlichen Verbesserung in unserem Leben aus vier Bereichen. Sie sind in Abbildung 19 als Felder dargestellt, die mit Nordstern, Ziele, Steine und Ritual benannt sind.

Kontinuierliche Verbesserung verinnerlichen

Wo will ich hin? Dieses erste Feld dreht sich um das große Ganze in unserem Leben, wobei Kapitel 3 und 4 bereits in Vorleistung gegangen sind: Wir haben unsere Vision oder unsere Lebensträume dort schon beschrieben. Als Nordstern ist hier besonders der ausformulierte rote Faden geeignet. An diesem ersten Feld richten sich alle anderen Ziele und Aktivitäten aus, und ein Blick sollte genügen, um Motivation zu wecken. Dies lässt sich beispielsweise mit einem prägnanten Zitat oder einem Foto sicherstellen.

Wie komme ich dahin? Dieses Feld greift unsere Ziele oder größeren Meilensteine auf, die wir im Laufe eines Jahres verfolgen. Das Lebensradar aus Kapitel 4 bietet hier genügend Inspirationen. Auch hier ist es erfahrungsgemäß sinnvoll, die Ziele in Bildern darzustellen. So haben wir sie leichter vor Augen. Wenn wir ein Ziel erreicht haben, können wir es kennzeichnen. Darauf dürfen wir stolz sein!

Wie löse ich Probleme? Dieses Feld erinnert uns daran, dass es immer wieder Rückschläge und Herausforderungen geben wird. Anders als im täglichen Stand-up-Meeting eines Unternehmens reicht es aus, wenn wir uns wöchentlich mit der Art unserer Baustellen auseinandersetzen. Probleme sind nichts anderes als Steine, die uns im Weg liegen. Wie wir aus ihnen etwas Schönes bauen, ist erfolgsentscheidend – deswegen werden wir den Umgang mit Problemen in einem separaten Kapitelabschnitt, dem Crashkurs zur Problemlösung, ausführlich behandeln.

Wofür kann ich dankbar sein? Der schottische Verseschmied Robert Stevenson rät uns: »Beurteile einen Tag nicht danach, welche Ernte du am Abend eingefahren hast. Sondern danach, welche Samen du gesät hast.« Um unser Mindset auf kontinuierliche Verbesserung zu programmieren, verinnerlichen wir im letzten Feld ein tägliches Ritual. Dieses besteht aus drei einfachen Fragen, die wir uns jeden Abend stellen können und die den Fokus auf die Saat des Tages legen:

1. Was habe ich heute getan, um meinen Zielen näher zu kommen?
2. Was habe ich heute gemacht, um das Leben anderer Menschen zu verbessern?
3. Welche drei Dinge habe ich erlebt, für die ich heute dankbar sein kann?

Daily Management in den Alltag integrieren

Emmanuel ist pragmatisch: Als Buchhalter ist er das Ordnen von Papier gewohnt. Um die Qualität seines Lebens kontinuierlich zu verbessern, hat er eine DIN-A4-Mappe angelegt. Bilder, die den roten Faden seines Lebens beschreiben, zieren das Deckblatt. Da er vor leeren Blättern besser denken kann, heftet er für jede Woche ein neues Blatt Papier ein, auf welchem er in drei Spalten immer wieder seine Jahresziele, die aktuellen Baustellen und seine Lösungsideen notiert. Das Wiederholen seiner Ziele und das Abhaken von gelösten Problemen hilft ihm dabei, alle relevanten Themen im Blick zu behalten.

Frida ist professionell: Als Unternehmensberaterin führt sie auch im Privaten ein sehr strukturiertes Leben. In ihrem Arbeitszimmer hat sie ein großes Whiteboard hängen und nutzt dieses für To-do-Listen und ihre alle zwei Wochen stattfindenden Stand-up-Meetings mit sich selbst. Ihr Lieblingszitat dient ihr als Lebensmotto und steht über allem. Darunter befinden sich die vier Felder: ein paar Stimmungsbilder für ihre Vision im Leben, ihre persönlichen Ziele in diesem Jahr, ihre aktuellen Herausforderungen und die drei Reflexionsfragen. Letztere hat sie mittlerweile so verinnerlicht, dass sie sich manchmal während eines Fluges oder einer Zugfahrt fragt: Wie bin ich heute meinen Zielen näher gekommen? Wie habe ich heute jemandem geholfen? Wofür kann ich dankbar sein?

Gerrit mag es portabel: Als Freelancer ist er viel außer Haus, und da er nicht der strukturierteste Mensch ist, benutzt er weder ein Papiersystem noch ein Whiteboard, um jeden Tag an seinen Zielen dranzubleiben. Aber er hat sich den Aufbau der Felder so stark eingeprägt, dass er sie jederzeit durchgehen kann. Ob auf der Rückseite des Handouts eines langweiligen Vortrages oder auf dem Bierdeckel, wenn er abends in seiner Stammkneipe sitzt: Vier Felder, Nordstern, Ziele, Steine, Ritual – und schon kann er loslegen. Meistens dauert es nur wenige Minuten und manchmal gibt es auch gar nichts Neues. Bei seinem »Daily Management to go« wundert er sich immer wieder, welche Schreibunterlagen für eine kurze Reflexion geeignet sind.

Daily Management interpretieren

Es gibt viele unterschiedliche Varianten, das Daily Management im eigenen Leben zu praktizieren. Wo der eine lieber mit Papier arbeitet, nutzt ein anderer ein Whiteboard oder eine sonstige sich anbietende Schreibunterlage. Die Umsetzung hinsichtlich des Inhalts, der Häufigkeit und des dokumentarischen Umfangs hängt von deinem Geschmack ab – es gibt kein Schema F. Obwohl das Aufschreiben die Wirksamkeit von Reflexionsfragen erhöht, verzichtet manch einer darauf. Insbesondere die letzten drei Fragen lassen sich mit unter die Dusche, auf die abendliche Laufrunde oder mit in die abendliche Meditation nehmen.

Fazit: Mach es dir nicht zu kompliziert, finde deinen eigenen Rhythmus und sei nicht zu dogmatisch – manchmal gibt es wichtigere Dinge als unsere Ziele und unseren Fortschritt. Das ist auch gut so. Aber vergiss niemals, dass der Fluss den Felsen immer besiegen wird – nicht wegen seiner Stärke, sondern wegen seiner Ausdauer.

Das Daily Management zeigt dir, dass du auf dem »Driver's Seat« sitzt. So wie die Shopfloor-Boards Dreh- und Angelpunkt von weltweit operierenden Unternehmen sind und sich Tausende von Mitarbeitern jeden Morgen zu ihrem Stand-up-Meeting treffen, kannst auch du jeden Tag ein Momentum kreieren, eine persönliche Perspektive gewinnen und dazu beitragen, dass sich die Qualität deines Lebens kontinuierlich verbessert.

Aus eigener Erfahrung kann ich dir berichten, wie wertvoll ein Neujahrsworkshop mit dir selbst ist, um den Grundstein für ein wirksames Daily Management zu legen. Seit einigen Jahren nehme ich mir zum Jahresende die Zeit, um das vergangene Jahr mit seinen Höhen und Tiefen aufzuarbeiten. Anschließend mache ich mir Gedanken, was ich im neuen Jahr erreichen möchte und welche Themen für mich Priorität haben. Ich bestimme ein Jahresmotto und visualisiere meine Ziele durch Fotos, die ich über meinen Schreibtisch hänge. Auf diese Weise beantworte ich die Fragen, wohin ich will und wie ich dahin komme, und kalibriere so meinen Kompass neu. Mittlerweile kann ich mir nicht mehr vorstellen, ohne diese Klarheit in ein neues Kalenderjahr zu starten.

Crashkurs: Aus Steinen etwas Schönes bauen

Wie angekündigt, widmen wir uns in diesem Abschnitt der Fähigkeit, Probleme zu lösen, und vervollständigen damit den inhaltlichen Aufbau des Daily Managements.

Unter dem Schlagwort »Herausforderungen antizipieren« haben wir zuvor mit der Kräftefeldanalyse von Kurt Lewin ein Werkzeug kennengelernt, um sowohl treibende als auch bremsende Kräfte frühzeitig zu erkennen. Gleichwohl ist und bleibt das Leben in seiner Vielfalt unvorhersehbar. Egal, was du in deinem Leben erreichen möchtest – meistens kommt irgendetwas anders, als du gedacht hast. Mit anderen Worten: Du wirst unweigerlich über Steine stolpern. Vielleicht war es das, was den amerikanischen Autor William Arthur Ward zu folgender Aussage inspiriert hat: »We can choose to throw stones, to stumble on them, to climb over them, or to build with them.«

Erfolglose Menschen kennen das Problem, erfolgreiche Menschen kennen auch die Lösung. Da der Umgang mit Problemen im Leben von höchster Bedeutung für die persönliche Weiterentwicklung ist, folgt jetzt ein Crashkurs in drei Schritten:

1. Problem verstehen
2. Ursache ergründen
3. Lösung finden

Das Problem verstehen

In einem Problemlösungsprozess scheint der einfachste Schritt der schwierigste zu sein: das Problem zu benennen. In Unternehmen fehlt es vielen Veränderungsprozessen und Optimierungsprogrammen an Tiefgang. Häufig wird viel Geld für Symptombekämpfung ausgegeben, weil sich kaum einer sorgfältig damit auseinandersetzt, worin eigentlich das Problem liegt – der kritische Diskurs fehlt. Ein Unternehmensberater dagegen würde sich mithilfe der 5-W-Problemfragen erst einmal einen Überblick verschaffen. Das Ziel ist, das »wirkliche« Problem charakterisieren, formulieren und erklären zu können.

Was ist das Problem? Was ist gemeint, passiert, beabsichtigt oder geschehen? Was sind die Symptome? Also: Wo drückt der Schuh?

Wer ist betroffen? Welche Personen oder was ist der Auslöser? Wer ist beteiligt? Wer oder was ist noch von dem Problem betroffen?

Wo tritt das Problem auf? Wo ist es entstanden?

Wann ist das Problem zum ersten Mal aufgetreten? Zu welchem Zeitpunkt tritt es auf? Wie lange tritt das Problem auf?

Wie äußert sich das Problem und wie groß ist es? Wie stellt sich die Situation dar? Woran ist das Problem zu erkennen?

Ein Beispiel: Die Flugbegleiterin und ambitionierte Instagram-Userin Daniela hat Schwierigkeiten, täglich einen Beitrag zu posten. Die tägliche Präsenz ist ihrer Einschätzung nach jedoch unerlässlich, um ihren Kanal weiter auszubauen – die 5-W-Problemfragen helfen ihr, den Kern und die Reichweite ihres Problems zu erfassen.

Was? Daniela fühlt sich mehr und mehr gestresst und unter Druck gesetzt. Manche ihrer Follower beschweren sich, wenn sie drei Tage nichts postet.

Wer? Das Problem betrifft sie und über Umwege auch ihren Freund. Im schlimmsten Fall kommt sie mit den ganzen Kommentaren nicht mehr hinterher und ist gereizt. Das bekommt ihr Freund leider zu spüren.

Wo? Das Problem entsteht durch das Ziel, täglich etwas zu posten. Zwischendurch hat Daniela den Kompromiss ausprobiert, alle zwei Tage etwas zu posten. Aber auch hier gelang keine Regelmäßigkeit.

Wann? Das Problem tritt sehr unregelmäßig auf – abhängig davon, wann sie es schafft, einen neuen Beitrag online zu stellen.

Wie? Das Problem äußert sich darin, dass sie ihr Ziel erreichen möchte, es aber zeitlich einfach nicht schafft. Diese Klemme fühlt sich unbefriedigend an und führt dazu, dass sie beginnt, auf ein schönes Foto zu verzichten, obwohl sich die Gelegenheit bietet. Ihr wird bewusst, dass dies wiederum ihr gesamtes nebenberufliches Projekt gefährdet.

Die Problemursache ergründen: schnelle Version

»Nobody knows why they do what they do«,[29] davon war Steve Jobs überzeugt. Seine Erfahrung lehrte ihn, dass die meisten Mitarbeiter sich nicht im Klaren darüber sind, warum sie ihren Job so machen, wie sie ihn machen. Eine beliebte Antwort: »Oh that's just the way things are done around here.« Ihm fiel auf, dass die meisten zwar in, aber nicht an ihrem Job arbeiten. Deswegen fragte Jobs immer wieder nach dem Warum.

In der Praxis von Unternehmen und Unternehmensberatern gibt es die Technik der 5-Why-Methode, ein Tool aus dem Qualitätsmanagement zur Ursachenbestimmung: Durch fünfmaliges »Warum?«-Fragen ist es möglich, die Ursache für einen Defekt oder ein Problem zu bestimmen. Das mehrmalige Hinterfragen ergründet nicht mehr nur das Symptom, sondern die Ursache – das Unkraut wird nicht abgeschnitten, sondern bei der Wurzel gepackt. Ein einfaches Beispiel:

Der König hat in einer Schlacht sein Königreich verloren.

1. Warum? Weil sein Pferd im Kampf gestolpert ist.
2. Warum? Weil dem Pferd das Hufeisen abgefallen ist.
3. Warum? Weil der Pferdeschmied zu kurze Nägel verwendet hat.
4. Warum? Weil die langen Nägel aufgebraucht waren.
5. Warum? Weil nur einmal im Monat eine Lieferung der langen Nägel eintrifft.

Die fünf Buchstaben W-A-R-U-M können nicht nur unser berufliches Leben zum Positiven verändern, sondern uns auch im privaten Alltag dabei helfen, das Unkraut bei der Wurzel zu packen. Wenn wir das nächste Mal vor einem Problem stehen, können wir als CEO unseres Lebens mit der 5-Why-Methode experimentieren. Ursachen in kurzer Zeit zu ergründen, ist ein wertvoller Kunstgriff fürs Leben.

1. Daniela schafft es nicht, jeden Tag etwas auf ihrem Instagram-Kanal zu posten.
   Warum nicht?

2. Weil ihr die Ruhe und Zeit dafür fehlen.
   Warum fehlen sie ihr?

3. Weil sie, während sie sich überlegt, was sie posten könnte, unzählige Nachrichten und Kommentare bemerkt, auf die sie noch nicht reagiert hat. Diese genießen Priorität. Am Ende kommt sie zu nichts.
   Warum muss sie überlegen, was sie posten könnte?

4. Weil sie ihre Beiträge jeden Tag spontan erstellt.
   Warum erstellt sie die Beiträge spontan?

5. Weil sie keine Beitragsplanung, geschweige denn eine konzeptionelle Idee hat, wann sie was postet.
   Warum hat sie das nicht?

   Weil sie im Unterschied zu anderen Influencern bislang kein Tool benutzt, das ihre Beiträge automatisch online stellt.

Es ist kein Wunder, dass es viele Anbieter gibt, die dieses Problem von aktiven Instagram-Usern lösen. Eine automatisierte Unterstützung beim Planen von Posts ist sinnvoll, weil die Zielgruppe zur idealen Zeit erreicht und der Arbeitsprozess optimiert wird. So könnte sich auch Daniela einmal pro Woche konzentriert Zeit nehmen, um die Beiträge für die nächsten sieben Tage zu planen. Die Nutzung des Tools würde sie zwingen, eine konzeptionelle Idee zu erarbeiten, und in der restlichen Zeit könnte sie in Ruhe mit ihren Followern interagieren – ihr Freund würde dies sicherlich wertschätzen.

Die Problemursache ergründen: strukturierte Version

Für die besonders strukturierten Menschen unter uns bietet sich eine weitere Technik zur Problemdiagnose an, die der Unternehmensberater Nicolai Andler entwickelte und die in der folgenden Abbildung tabellarisch dargestellt ist.

In die zweite Spalte übertragen wir das Ergebnis der 5-W-Problemfragen aus dem vorherigen Abschnitt. Hier steht die Definition des Problems im Fokus. In der dritten Spalte fragen wir nach dem entgegengesetzten Blickwinkel – was ist *nicht* das Problem? In der vierten Spalte beschreiben wir den Unterschied der zwei Antworten, um uns in der fünften Spalte zu fragen, was die erkannte Abweichung möglicherweise verursacht.

Problemursache erkennen

	Ist	Ist nicht	Abweichung	Ursache
WAS?	Was ist das Problem?	Was ist nicht das Problem?	Worin liegt der Unterschied?	Was ist die mögliche Ursache?
WIE?	Wie »groß« ist das Problem? (Umfang, Größe, Bedeutung)	Wie ist das Problem begrenzt? (Umfang, Größe, Bedeutung)	Worin liegt der Unterschied?	Was ist die mögliche Ursache?
WER?	Wer ist betroffen und wer ist der Auslöser?	Wer ist nicht betroffen?	Worin unterscheiden sich die Personen?	Was ist die mögliche Ursache?
WO?	Wo tritt das Problem auf?	Wo tritt das Problem nicht auf?	Worin unterscheiden sich die Orte?	Was ist die mögliche Ursache?
WANN?	Wann tritt das Problem auf? Wann wurde es festgestellt?	Wann tritt das Problem nicht auf? Wann wurde es nicht festgestellt?	Worin unterscheiden sich die Zeitpunkte?	Was ist die mögliche Ursache?

Eine Problemlösung finden

Häufig reicht das Erkennen der Problemursache aus, um auf eine geeignete Lösungsidee zu kommen. Falls dem nicht so sein sollte, bietet sich das Tool »Vom Ist zum Soll« an, das separat oder zusätzlich zu den bereits erläuterten Techniken angewendet werden kann. Das Ziel ist, die abgebildete Tabelle Schritt für Schritt zu füllen.

Vom Ist zum Soll

IST-Zustand	Negatives	Positives
	1. Schritt: Welche negativen Auswirkungen, Konsequenzen oder Effekte ruft das Problem für mich hervor?	**2. Schritt:** Was ist das Gute im Schlechten? Worin liegt hier die Chance für mich?
SOLL-Zustand	**3. Schritt:** Wie sieht das Best-Case-Szenario, der ideale Lösungszustand aus?	
Vom Ist zum Soll	**4. Schritt:** Wie schließe ich die Lücke zwischen Ist und Soll?	

Der erste Schritt beschreibt in Stichworten, was an der jetzigen Situation negativ ist. Welche negativen Auswirkungen ruft das Problem hervor? Welche Konsequenzen und Effekte ergeben sich?

Im zweiten Schritt werden alle positiven Aspekte aufgeführt. Anders gesagt: Wir suchen nach dem Guten im Schlechten. Wer dies ernsthaft versucht, erhält fast automatisch Ideen für neue Lösungen. Wichtig ist dabei, dass wir für jeden aufgeschriebenen negativen Aspekt mindestens zwei positive Aspekte notieren. Also, worin liegt hier die Chance?

Anschließend beschreiben wir im dritten Schritt den idealen Lösungszustand unserer aktuellen Problemsituation. Unternehmensberater nennen dies den Soll-Zustand: Wie sieht das Best-Case-Szenario aus? Mit anderen Worten: Stell dir vor, eine gute Fee kommt über Nacht und macht sich an die Arbeit. Woran würdest du zuerst erkennen, dass sie das Problem gelöst hat?

Schließlich entwickeln wir im vierten Schritt die nötigen Handlungsmöglichkeiten und sammeln Ideen, wie wir auf Basis der identifizierten Chancen vom Problem zur Lösung gelangen. Also, wie schließt du die Lücke zwischen Ist und Soll?

Manchmal fühlen wir uns mit unseren vertrauten Problemen wohler als mit einer unvertrauten Lösung. Den Ist-Zustand aufzugeben, kann Angst machen, unabhängig davon, wie negativ sich dieser Zustand in unserem Leben auswirkt – wir sind und bleiben Gewohnheitstiere. Deswegen wollte uns der französische Literaturnobelpreisträger André Gide Mut machen: »Man entdeckt keine neuen Erdteile, ohne den Mut zu haben, alte Küsten aus den Augen zu verlieren.« Die Techniken des Crashkurses helfen uns dabei, den nötigen Mut zu schöpfen, um unsere Probleme der Vergangenheit zu übergeben und das Gute im Schlechten zu erkennen.

Booster für deine Produktivität

Carpe diem! Die inflationär verwendete Sentenz eines römischen Dichters ruft, wörtlich übersetzt, dazu auf, den Tag zu »pflücken«. Im Deutschen wurde daraus der geflügelte Kühlschrankspruch: »Nutze den Tag!« So weit, so gut; schon tausendmal gehört. Doch was heißt das eigentlich konkret?

Dieses Buch ermutigt uns, unserem roten Faden zu folgen und uns für ein Leben zu entscheiden, das zu unserer DNA passt. Dieses Kapitel, das sich langsam dem Ende zuneigt, hilft uns dabei, an unseren Zielen dranzubleiben, indem wir uns treu bleiben. Dafür greifen wir das betriebswirtschaftliche Prinzip der Produktivität wieder auf. Eine Tätigkeit ist dann produktiv, wenn wir unsere verfügbaren Ressourcen so nutzen, dass die Qualität unseres Lebens steigt. Mit anderen Worten: Den Tag nutzen heißt produktiv sein – und was hält uns davon ab, produktiv zu sein?

Die acht Verschwendungsarten eines Unternehmens

Dieser Abschnitt beschreibt ein weiteres Tool der japanischen Verbesserungsphilosophie Lean Management[30]. Wir finden heraus, wann wir beim Erreichen unserer Ziele unproduktiv sind und das Potential eines Tags nicht vollständig ausschöpfen. Um in Unternehmen das Potential von Geschäftsprozessen vollständig auszuschöpfen, setzt Lean Management auf das Prinzip der acht Verschwendungsarten. Gemäß der Verbesserungsphilosophie lässt sich jede sinnlose Tätigkeit (jap. »muda«) einer der acht Verschwendungsarten zuordnen. Die zu vermeidenden Verschwendungsarten sind im Folgenden kurz erläutert:

Transport: Wenn am Arbeitsplatz mehr Material zur Verfügung steht, als tatsächlich verarbeitet wird, handelt es sich um unnötige Materialbewegungen.
Bewegung: Wenn das benötigte Werkzeug nicht zur Hand ist und der Mitarbeiter immer wieder danach suchen muss, spricht man von unnötigen Mitarbeiterbewegungen.
Überproduktion: Wenn mehr Produkte hergestellt werden, als Kunden tatsächlich abnehmen, entstehen durch die zu hohe Produktion unnötige Lagerbestände.
Bestand: Wenn das Lager voller Produkte oder Ersatzteile ist, die nicht gebraucht werden, handelt es sich um zu hohe Bestände, durch die Kapital unnötig gebunden wird.
Wartezeit: Wenn der Mitarbeiter darauf wartet, dass eine Maschine wieder betriebsbereit ist, spricht man von unnötiger Wartezeit.
Fehler: Wenn zu spät festgestellt wird, dass ein Produkt fehlerhaft ist, wird Nacharbeit notwendig und die Kosten für die Herstellung steigen unnötig.
Prozesse: Wenn die Qualität des Produktes besser ist, als der Kunde es fordert, handelt es sich um das sog. »Over-Engineering« – der geleistete Mehraufwand wird nicht bezahlt und gilt als Verschwendung.
Fähigkeiten: Wenn die Erfahrung und die Ideen der Mitarbeiter ignoriert werden, verschwendet das Unternehmen wertvolle geistige Kapazitäten.

Dieser kurze Exkurs verdeutlicht, dass die bedingungslose Vermeidung von Verschwendung nichts anderes als ein methodischer Ansatz ist, um den Tag (in einem Unternehmen) zu nutzen. Wann haben wir uns das letzte Mal gefragt, wobei wir in unserem Leben Ressourcen verschwenden? Mit dem richtigen Handwerkszeug ist »carpe diem« alles andere als ein abgegriffener Kühlschrankspruch.

Die acht Verschwendungsarten des Lebens

Die acht Verschwendungsarten lassen sich auf unser Leben übertragen und mit Reflexionsfragen systematisch auf ihre Relevanz abklopfen.

Acht Arten der Verschwendung

Im Unternehmen	Im Leben
Transport	Stress
Bewegung	Effektivität
Überproduktion	Perfektionismus
Bestand	Abhängigkeiten
Wartezeit	Wartezeit
Fehler	Fehler
Prozesse	Personen
Fähigkeiten	Fähigkeiten

Stress: Hierunter fällt unser aktuelles Lebensgefühl. Klingt der Grundton gerade eher nach Harmonie oder nach Stress? Wenn wir dünnhäutig und gereizt sind, liegt dies häufig daran, dass unser Leben die Balance verloren hat und wir von etwas vereinnahmt werden, hinter dem wir nicht zu 100 Prozent stehen. So verschwenden wir Energie und Lebensfreude – hier macht es Sinn, unsere Prioritäten zu hinterfragen.

Effektivität: Effektiv ist, wer die richtigen Dinge tut. Effizient ist, wer die Dinge richtig tut. Sind wir mit den richtigen Dingen beschäftigt? Zur konsequenten Überprüfung, ob der Plan für unser nächstes Wochenende, der Besuch der anstehenden Geburtstagsfeier eines (Un-) Bekannten oder der obligatorische Lunch-Termin mit einer früheren Arbeitskollegin »richtig« sind, können wir uns eine radikale Frage stellen: »Würde ich das auch tun, wenn ich nur noch eine Woche zu leben hätte?«

Diese Frage mag radikal sein; neu ist sie jedenfalls nicht. Bereits in Psalm 90,12 der (Luther-)Bibel lässt sich diese »Deathbed Mentality« finden. Mose betet darin zu Gott: »Lehre uns bedenken, dass wir sterben müssen, auf dass wir klug werden.« Und obwohl Steve Jobs nicht gläubig war, spornte ihn dies täglich an – es heißt, dass er sich jeden Morgen fragte, ob er das, was er heute vorhatte, auch tun würde, wenn es sein letzter Tag wäre. Sobald er diese Frage immer häufiger mit Nein beantwortete, wusste er, dass er etwas ändern musste.

Was würde ich anders machen, wenn ich nur noch eine Woche zu leben hätte?

Früher empfand ich diesen »Deathbed«-Gedanken als zu reißerisch und radikal. Eine Erfahrung änderte das: Als sich der Gesundheitszustand meiner Oma verschlechterte, konnte sie nicht mehr zu Hause wohnen und musste nach mehreren Krankenhausaufenthalten in einem Altenheim untergebracht werden. Als ich das erste Mal die vielen alten, kranken und immobilen Menschen sah, wurde mir endgültig klar, dass ich meine Lebenszeit bedingungslos nutzen werde, bevor es zu spät ist. Den letzten Atemzug meiner Oma werde ich nie vergessen – plötzlich war ihr langes Leben zu Ende. Unsere Zeit ist alles, was wir haben. Wir sollten die richtigen Dinge tun.

Perfektionismus: Ein hoher Anspruch ist redlich, solange er uns nicht vom Tun abhält. So wie ein Unternehmen ein Produkt in unverhältnismäßiger, nicht nachgefragter Qualität herstellen kann, verschwenden wir unsere Ressourcen, wenn wir ewig an einem Plan herumdoktern und vor lauter Ausreden nicht in die Umsetzung kommen. Also: Welches Projekt ist längst überfällig? Welcher Anruf erlaubt keine Ausrede mehr? Welche Entscheidung darf nicht länger warten?

Abhängigkeiten: In einem thailändischen Urlaubsresort, das Wert auf die Erholung von Körper, Geist und Seele legt und seine Gäste auch auf die positive Wirkung eines »digital detox« hinweist, also des Verzichts auf Smartphone & Co., habe ich einmal den passenden Hinweis gelesen: »A digital detox is liberating for the soul – all addictions including socially acceptable ones can be a distraction to avoid being ourselves.«

Auf was können wir nicht mehr verzichten? Wo fällt es uns schwer, Nein zu sagen? Hier kommt typischerweise der übermäßige Konsum von Fernsehen, Zucker, Zigaretten, Alkohol und sonstigen Drogen ins Spiel. Der römische Philosoph Seneca, selbst ein reicher Mann, sagte einmal über den Reichtum: »Diese Individuen haben Reichtümer, so wie wir sagen, dass wir Fieber haben, dabei hat das Fieber uns.« Entscheiden noch wir darüber, wie viel wir konsumieren, oder entscheidet der Konsum über uns?

Wartezeit: Die reinste und einfachste Form der Verschwendung ist die des Wartens. Dieser Aspekt hat zum einen eine pragmatische Komponente: Überbrücken wir die alltäglichen Wartezeiten bei Bus und Bahn, beispielsweise mit einem guten Buch oder einem inspirierenden Podcast? Und zum anderen hat dieser Aspekt eine übertragene Komponente: Gibt es ungeklärte Konflikte oder anstehende Entscheidungen in unserem Leben? Worauf warten wir noch?

Fehler: Jeder von uns macht Fehler. Entscheidend ist, wie wir damit umgehen. Wenn wir uns unsere Fehler schönreden, lernen wir nicht aus ihnen und sie wiederholen sich. Das wird schließlich genauso teuer, als wenn ein Reifenhersteller eine fehlerhaft eingestellte Maschine nicht repariert, die für Risse in den nagelneuen Reifen verantwortlich ist. »Fehler formen den Menschen«, sagt ein jüdisches

Sprichwort. Wir sollten Fehler zu unseren Freunden machen – sie führen bekanntlich zu den Wahrheiten von morgen.

Personen: Hier stehen wie bei der Stakeholder-Analyse unsere Mitmenschen im Fokus. Gibt es Menschen in unserem Umfeld, unter denen die Qualität unseres Lebens leidet? Gibt es Menschen, die unser persönliches Wachstum eher blockieren als unterstützen? An wen müssen wir unsere Geschwindigkeit anpassen? Wenn dir schon durch das Lesen dieser Fragen eine Person spontan einfällt, scheinst du einen »Produktivitätsräuber« gefunden zu haben.

Fähigkeiten: Das wertvollste Kapital eines Unternehmens sind die personellen Ressourcen, also die Fähigkeiten und Ideen der Mitarbeiter, sofern sie passend eingesetzt werden. Analog dazu ist es die höchste Form der Verschwendung, wenn unser persönliches Potential brachliegt. Also stellt sich die Frage, wo unsere persönlichen Kapazitäten ungenutzt bleiben. Wo sind wir unterfordert? Wo versuchen wir jemand zu sein, der wir nicht sind?

Prinzip der Verschwendung interpretieren

Die Technik der acht Verschwendungsarten ist besonders für einen Jahresworkshop geeignet, den ich als Grundlage für das Daily Management bereits empfehlen konnte. Mindestens einmal im Jahr über die acht Verschwendungsarten zu reflektieren, hilft dabei, unproduktive Bereiche und Tätigkeiten aufzudecken. Wenn wir uns von ihnen trennen, können wir uns konsequenter auf unsere Ziele konzentrieren.

Dadurch, dass wir »carpe diem« schon tausendmal gehört haben, nehmen wir den wahren Kern der Botschaft leider nicht mehr wahr. Stattdessen sehen wir es als selbstverständlich an, jeden Morgen neu aufzuwachen, und wir sind bereit, kostbare Tage, Wochen, Monate und im schlimmsten Fall Jahre unseres Lebens mit unproduktiven Dingen zu vergeuden. Hin und wieder hören wir von einem Schicksalsschlag – im Freundeskreis stirbt jemand viel zu früh an Krebs oder wir verlieren einen Bekannten durch einen Unfall. In diesen Momenten wird uns die Endlichkeit des Lebens plötzlich bewusst und für kurze Zeit stockt uns der Atem. Aber der Alltag kehrt schnell wieder ein – wir haben ja bislang Glück gehabt. Vergleichbar ist das mit einer Situation, in der die Polizei mit Blaulicht und Sirene in unserem Rückspiegel auftaucht, nachdem wir zu schnell durch eine Ortschaft gefahren sind. Auch hier stockt uns der Atem. Sobald wir merken, dass der Streifenwagen es nicht auf uns abgesehen hat, fahren wir noch eine kleine Weile angemessen weiter, bis wir letztendlich wieder so schnell fahren wie zuvor. Mehr vom Gleichen – wir haben ja noch einmal Glück gehabt.

»Carpe diem« ernst zu nehmen, heißt, die Konsequenzen aus den Momenten zu ziehen, in denen uns der Atem stockt. Es heißt, nicht mit unserer Lebenszeit ins Spielkasino zu gehen, sondern sie produktiv einzusetzen. Das wiederum bedeutet, dass wir lernen müssen, Nein zu sagen. Nein zu Menschen, die unsere Energie rauben, Nein zu Dingen, die unsere Zeit stehlen, und Nein zu Tätigkeiten, die nicht zu unserer DNA passen.

Zu dieser Erkenntnis gelangte an seinem 65. Geburtstag auch Jep Gambardella, Protagonist des Films *Die große Schönheit* (Orig.: *La Grande Bellezza*): Ein desillusionierter Schriftsteller, der 40 Jahre lang seine Zeit in Gourmetrestaurants, auf rauschenden Festen und mit schönen Frauen verbracht hat, fühlt sich von der Oberflächlichkeit der High Society im mondänen Rom gelangweilt. Er erkennt, dass die spärlichen Augenblicke von Schönheit in seinem Leben von Lärm und Angst überlagert und unter all dem gesellschaftlichen Geschwätz begraben werden – und beginnt zu bereuen. An seinem 65. Geburtstag trifft er deswegen die Entscheidung, keine Zeit mehr mit Dingen zu verbringen, auf die er keine Lust hat. Dafür hätte er sich schon viel früher entscheiden sollen.

Wir sollten keine Zeit mehr mit Dingen verbringen, auf die wir keine Lust haben.

Kurz innehalten

Es war einmal ein chinesischer Farmer. Eines Tages rannte sein einziges Pferd davon. Als seine Nachbarn davon hörten, äußerten sie ihr Mitgefühl und sagten zu ihm: »Das ist sehr schade.« Der Farmer erwiderte kurz: »Vielleicht.«

Am nächsten Tag kam sein Pferd zurück und brachte sieben weitere Wildpferde mit sich. Als die Nachbarn des Farmers davon hörten, kamen sie zu ihm und sagten: »Großartig, ist das nicht toll?« Er entgegnete: »Vielleicht.«

Am nächsten Tag versuchte der Sohn des Farmers eins der Wildpferde zu bändigen und brach sich beim Sturz das Bein. Wieder eilten die Nachbarn herbei und sagten zum Farmer: »Das ist ja schrecklich!« Er antwortete: »Vielleicht.«

Am nächsten Tag rekrutierte die Armee junge Soldaten für einen anstehenden Krieg. Den Sohn des Farmers konnten sie mit einem gebrochenen Bein nicht gebrauchen und ließen ihn bei seinem Vater. Da eilten die Nachbarn herbei: »Was für ein Glück, ist das nicht wunderbar?« Der Farmer erwiderte: »Vielleicht.«[31]

Mit dieser Geschichte verdeutlicht der britische Religionsphilosoph Alan Watts, dass das Leben ein komplexer zusammenhängender Prozess ist. Demnach ist es für uns unmöglich, zu erkennen, ob etwas gut oder schlecht ist. Die Konsequenzen eines vermeintlichen Unglücks lassen sich genauso wenig absehen wie die Konsequenzen einer scheinbar glücklichen Fügung.

Während wir unsere Ziele verfolgen, wird uns früher oder später etwas zustoßen, womit wir nicht gerechnet haben. Wenn wir uns an die Parabel vom chinesischen Farmer erinnern, gewinnen wir Gelassenheit: Ob etwas auf den ersten Blick positiv oder negativ erscheint, ist mit Blick auf das Große und Ganze gar nicht so wichtig. Alles hat seinen Sinn.

7. AUSSTIEG

Blick zurück!

Im ersten Kapitel schilderte ich, was mich zum Schreiben dieses Buches motivierte, obwohl es Abertausende von Buchtiteln rund um die Themen Persönlichkeitsentwicklung und Lebensführung gibt. Für meinen Geschmack gibt es zahllose Empfehlungen, wie wir Sinn in unser Leben bringen könnten, aber keine Hinweise darauf, wie man dies konkret bewerkstelligt. Du erinnerst dich, das ist wie mit dem Fitnessstudio: Erst wenn uns ein Trainer zeigt, wie wir die Übungen richtig ausführen, bringt uns der Besuch im Fitnessstudio weiter. Wenn wir jetzt zurückblicken und feststellen, was wir durch die Arbeit mit diesem Buch für uns herausgefunden haben, erkennen wir, dass wir gut »trainiert« haben. Darauf können wir stolz sein!

Wie geht es mir?

So wie ein Arzt eine Anamnese erstellt, ein Unternehmensberater eine Ist-Analyse durchführt oder der TÜV unseren Pkw überprüft, haben wir zu Beginn eine Bestandsaufnahme unseres Lebens vorgenommen. Durch den strategischen »Sehtest« untersuchten wir die Ankerpunkte unseres Lebensentwurfes und die Produktivität von 15 Lebensbereichen. Als Vertiefung visualisierten wir die »Question Marks«, »Poor Dogs«, »Cash Cows« und »Stars« in unserem Leben. Inspiriert durch die bekannte Behauptung von Jim Rohn, dass wir der Durchschnitt der fünf Menschen seien, mit denen wir die meiste Zeit verbringen, folgte im Rahmen einer Filmproduktion über unser Leben schließlich eine kritische Analyse unserer »Stakeholder«.

Was kann ich?

Wenn ich gezwungen worden wäre, nur ein einziges Kapitel zu veröffentlichen, dann hätte ich mich für Kapitel 3 entschieden. Den roten Faden in unserem Leben zu erkennen, ermöglicht es uns, Entscheidungen zu treffen, Beziehungen zu führen und Jobs zu finden, die zu der DNA unserer Persönlichkeit passen – wenn wir das, was wir sind, mit dem, was wir tun, in Einklang bringen, befindet sich unser Pinguin in seinem Element, dem Wasser.

Zur Entschlüsselung unserer Persönlichkeits-DNA unternahmen wir eine mentale Zeitreise in unsere Vergangenheit und lernten vom Igel: Wir reflektierten über die Schnittmenge zwischen dem, wofür unser Herz schlägt, dem, worin wir der Beste sind, und dem, womit wir anderen Menschen helfen können. Um nicht betriebsblind zu sein, führten wir ein offenes Gespräch und eine Umfrage durch. Zuletzt stellten wir uns der Herausforderung, unsere Gedanken im Klartext auszudrücken.

Wohin will ich?

Seneca sagte einmal: »Wer den Hafen nicht kennt, in den er segeln will, für den ist kein Wind ein günstiger.« Deswegen lauschten wir in Kapitel 4 unserer inneren Stimme, wie es uns schon Steven Spielberg auf seinem Weg zum Filmregisseur vorgemacht hat. Mit dem Lebensradar sammelten wir Bilder, was wir in Zukunft haben, sein und tun möchten. Die Anwendung der Blue-Ocean-Strategie provozierte innovative Ideen, wie wir unsere roten Ozeane verlassen und blaue Ozeane entdecken können. Wer feststellen konnte, dass sein Job nicht im Einklang mit seinem roten Faden steht, der konnte mithilfe der Ansoff-Matrix und der 6-3-5-Methode berufliche Wachstumspfade entwickeln.

Was will ich?

Durch Viktor Frankls Biografie bekamen wir einen Eindruck davon, was es bedeutet, dass Entscheidungen unser Leben durchziehen wie Faszien unseren Körper. Wie wir mit besseren Entscheidungen unser Schicksal in Zukunft beeinflussen können, behandelte Kapitel 5.

Für jeden war etwas dabei: Wer lieber mit einer optischen Unterstützung über etwas nachdenkt, der wird sich mit der Argumentewaage, dem Paarvergleich, dem Polaritäten-Tool und der Nutzwertanalyse wohlgefühlt haben. Wer dagegen lieber nach innen horcht und mit seiner Vorstellungskraft arbeitet, kann zukünftig mit dem Perspektiven[3]-Tool, den 6 Denkhüten, dem Think 360 und dem Tetralemma gezielter reflektieren.

Aber: Bei allen rationalen Abwägungen und Analysen dürfen wir den spontanen Impuls unseres Bauchgefühls nicht vernachlässigen. Fazit ist also: Wir sollten im richtigen Moment den Ruf der Ratio wahrnehmen, vertrauen aber sollten wir auf die flüsternde Stimme der Intuition! Der rote Faden dient uns dabei als Filter, um Entscheidungen zu treffen, die zu unserer DNA passen.

Wie komme ich dahin?

Der Sinn eines Ziels ist es nicht, dem Leben die Überraschung zu rauben, sondern auf Überraschungen im Leben vorzubereiten. Wenn uns der rote Faden die Richtung vorgibt, können wir dank Tools und Techniken aus dem Projektmanagement dafür sorgen, auch vorwärtszukommen – so wie Roald Amundsen.

So lernten wir in Kapitel 6 die SMART-Kriterien und eine Checkliste kennen, um Ziele setzen und auf den Punkt bringen zu können. Zusätzlich hilft uns die Kräftefeldanalyse dabei, treibende und bremsende Einflüsse rechtzeitig wahrzunehmen. Diese Makroperspektive wurde anschließend um die Mikroperspektive ergänzt: Wie bleiben wir täglich am Ball? Wie gehen wir mit Rückschlägen um? Das Daily Management, die 5-W-Problemfragen, die 5-Why-Methode, die Vom-Ist-zum-Soll-Tabelle und das Prinzip der acht Verschwendungsarten bieten hier das notwendige Rüstzeug, um die Ziellinie zu erreichen.

Je nachdem, wo wir gerade im Leben stehen, haben wir im Verlauf des Buches unterschiedliche Eindrücke und Erfahrungen gesammelt. Bei fünf persönlichen Fragestellungen und 33 Tools und Techniken hinterlassen manche Erkenntnisse, Geschichten oder Anwendungen einen tieferen Fußabdruck als andere. Um diesen Fußabdruck sichtbar zu machen, möchte ich dir dabei helfen, deine persönliche Quintessenz herauszukristallisieren.

Deine Quintessenz

Amerikanische Vertriebler entwickelten die Idee, ihre Kunden während der Dauer einer Aufzugsfahrt von einer Idee zu überzeugen. Dafür mussten alle relevanten Informationen in das sportliche Zeitfenster von 60 Sekunden passen. Heute ist der sog. »Elevator Pitch« (Fahrstuhlrede) ein eingeführter Begriff und wird überall dort verwendet, wo Begeisterung und Überzeugung in kürzester Zeit hervorgerufen werden sollen: bei Vorstellungsgesprächen, bei Produktpräsentationen auf Messen oder bei der Vorstellung einer Geschäftsidee vor Investoren.

Zum Abschluss des Buches nutzen wir die Technik des Elevator Pitch, um unsere gesammelten Erkenntnisse und Erfahrungen spruchreif zu »zippen«, also komprimiert zusammenzufassen.

Aufbau des Elevator Pitch

Für einen Elevator Pitch gilt: In der Kürze liegt die Würze! Sich nur auf das Wesentliche zu konzentrieren, ist gar nicht so einfach. Deswegen gehören nur ausgesuchte Zutaten in die Rezeptur einer Fahrstuhlrede. Für den Pitch einer Geschäftsidee bedeutet das konkret, dass man die Nützlichkeit eines Geschäftsmodells so interessant schildert, dass beim Zuhörer ein Verlangen zum Investieren geweckt wird:

- **Angebot:** Was biete ich an?
- **Interesse:** Was unterscheidet mein Angebot von anderen?
- **Nutzen:** Welche Vorteile bringt mein Angebot?
- **Motivation:** Warum mache ich dieses Angebot?
- **Appell:** Was sollte der Zuhörer jetzt tun?

Für unseren Zweck einer stark komprimierten Quintessenz der vorherigen Kapitel stellt sich die Rezeptur etwas anders dar:

Motivation: Im ersten Kapitel habe ich dich nach dem Grund gefragt, warum du dieses Buch in den Händen hältst. Lass deine Antwort hier Revue passieren.

Learnings: Hier geht es um das, was du für dich persönlich aus diesem Buch mitnimmst. Die folgenden Halbsätze führen dich ein letztes Mal durch die vergangenen fünf Kapitel:

Bei der Analyse meiner Ausgangslage ist mir aufgefallen, dass …

Durch die Arbeit an meinem roten Faden habe ich gelernt, dass …

Die Geschichte von Steven Spielberg und seiner Intuition hat mich im Hinblick auf meine Zukunft dazu inspiriert, mir die Frage zu stellen, ob …

Durch die Techniken zur Entscheidungsfindung ist mir bewusst geworden, dass …

Das letzte Kapitel zur Erreichung meiner Ziele hat mir klargemacht, dass …

Unterm Strich war für mich das Highlight dieses Buches ...

Veränderung: Hier ist deine ehrliche Einschätzung gefragt. Inwiefern wird sich dein Leben durch diese Learnings zum Positiven verändern?

Fortschritt: Mit Blick auf deine Motivation, dieses Buch zu lesen – inwiefern wurde deine Erwartung durch die Anwendung der 33 Tools und Techniken erfüllt? Welche Fragen wurden beantwortet, welches Problem gelöst?

Appell: Richte einen Appell an dich. Was sind die nächsten Schritte, die du unternehmen, ausprobieren oder angehen möchtest, um das Gelernte in deinem Leben umzusetzen?

Formulierung des Elevator Pitch

Um unser persönliches Beratungsprojekt abzurunden, fügen wir die vollendeten Halbsätze zu einem Ganzen zusammen. Dieser Elevator Pitch erinnert dich daran, was du in den letzten Wochen geleistet hast. Er ist dein Energydrink, um das Gelernte voller Tatendrang in deinem Leben anzuwenden.

Ich habe dieses Buch gelesen, weil … (Motivation). Ich habe gelernt, dass … (Learnings). Dadurch wird … (Veränderung). Das Buch hat mir dabei geholfen, dass … (Fortschritt). Jetzt werde ich … (Appell), um der CEO meines Lebens zu sein.

Nachdem du dir mithilfe der fünf persönlichen Fragestellungen sorgfältig Antworten erarbeitet hast, wirst du dich dabei ertappen, dass du nun auch andere Menschen fragst: Wie geht es dir (also: Wann warst du mit deinem Leben das letzte Mal beim TÜV)? Was ist der rote Faden deines Lebens? Wie sehen deine Lebensträume aus? Worin liegen deine Stärken? All diese Fragen sind gute Gelegenheiten, sich gegenseitig besser kennenzulernen und voneinander zu lernen.

In eigener Sache

Ich bin interessiert daran, ob mir das, was ich mit dem Buch bezweckt habe, gelungen ist. Deswegen greife ich an dieser Stelle meine Ziele noch einmal auf:

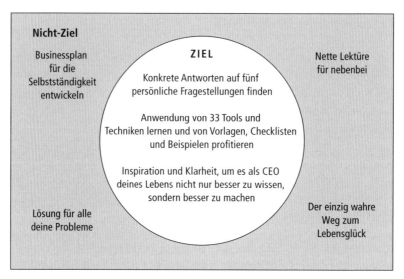

Nicht-Ziel

Businessplan für die Selbstständigkeit entwickeln

ZIEL

Konkrete Antworten auf fünf persönliche Fragestellungen finden

Anwendung von 33 Tools und Techniken lernen und von Vorlagen, Checklisten und Beispielen profitieren

Inspiration und Klarheit, um es als CEO deines Lebens nicht nur besser zu wissen, sondern besser zu machen

Nette Lektüre für nebenbei

Lösung für alle deine Probleme

Der einzig wahre Weg zum Lebensglück

Abb. 20: Ziele und Nicht-Ziele

Kannst du durch dieses Buch Antworten auf die fünf persönlichen Fragestellungen finden?
❑ Ja
❑ Nein

Kannst du die meisten der 33 Tools und Techniken für dich und deine Lebenssituation anwenden?
❑ Ja
❑ Nein

Bist du ermutigt, es nicht nur besser zu wissen, sondern auch besser zu machen?
❑ Ja
❑ Nein

Wenn du diese Fragen mit »Ja« beantwortest, freut mich das sehr! Falls du aber eine oder mehrere Fragen mit »Nein« oder »Ja, aber« beantwortest, freue ich mich über dein Feedback. So wie du dich im

Zuge der Arbeit an deinem roten Faden der Fremdwahrnehmung gestellt hast, möchte auch ich das tun. Der Management-Experte Ken Blanchard hat einmal gesagt: »Feedback is the breakfast of champions.« Weil das auch für mich gilt, freue ich mich über deine Rückmeldung per E-Mail an info@aaronbrueckner.de:

- ⇒ Was hat dich davon abgehalten, Antworten auf die fünf persönlichen Fragestellungen zu finden?
- ⇒ Was hätte die Anwendung der Tools und Techniken für dich vereinfacht?
- ⇒ Welche Impulse konnte ich durch das Buch setzen?

Wie geht es weiter?

Reflexion und Selbsterkenntnis sind keine Produkte, die wir im Supermarkt einkaufen und wie einen Liter Milch konsumieren können. Für unsere persönliche Weiterentwicklung sorgen wir mit innerer Bereitschaft jeden Tag aufs Neue. Also: Persönlichkeitsentwicklung ist keine Frage des Habens, sondern eine Frage des Seins – erst wenn wir uns selbst verändern, verändert sich die Welt.

> **Persönlichkeitsentwicklung ist keine Frage des Habens, sondern eine Frage des Seins.**

Um den angestoßenen Prozess der Entwicklung deines Seins fortzusetzen, reicht es nicht, ein oder mehrere Bücher »konsumiert« zu haben. Neue Gedanken zu verinnerlichen und Verhaltensmuster unserer Persönlichkeit zu verändern, fühlt sich häufig so an, als wenn ein kleines Kind laufen lernt. Hinfallen. Aufstehen. Wieder hinfallen. Wieder aufstehen.

John Wooden, der erfolgreichste US-amerikanische Basketballtrainer aller Zeiten, hat einmal gesagt: »Erwarten Sie keine großen plötzlichen Fortschritte. Bemühen Sie sich um kleine Fortschritte, Tag für

Tag – nur so stellen sich Veränderungen ein, und wenn sie sich einstellen, sind sie von Dauer.«[32]

Ich habe mir überlegt, wie ich dich begleiten kann, damit aus kleinen Schritten nachhaltige Veränderungen werden. Es gibt drei Möglichkeiten:

1. »Ich brauche Feedback.« Ein gedrucktes Buch stößt als Medium an seine Grenzen, wenn es darum geht, in den Dialog zu kommen. Deswegen freue ich mich, wenn du Kontakt zu mir aufnimmst. Erfahrungsgemäß wirst du dich früher oder später auch fragen: Wende ich das Tool richtig an? Ziehe ich aus dem Gelernten den richtigen Schluss für mein Leben? Mit anderen Worten: Dir fehlt Feedback. Schick mir eine E-Mail an info@aaronbrueckner.de, kontaktiere mich auf Xing, LinkedIn oder Instagram. Ich helfe dir gerne weiter.

2. »Ich lasse mich gerne inspirieren.« Auf Spotify und iTunes betreibe ich einen Podcast zu den Erfolgsmustern von Andersmachern – dies sind mal mehr und mal weniger bekannte Menschen,[33] die in keine Schublade passen und sich mit ihren bunten Biografien von der Masse abheben. Der Podcast ist die ideale Ergänzung des Buches, denn du gewinnst Inspiration, um als CEO deines Lebens vieles anders als alle anderen zu machen. Zudem lege ich dir meinen Blog auf meiner Webseite und auf LinkedIn ans Herz: Dort schreibe ich regelmäßig über Themen rund um Persönlichkeit und Personalentwicklung.

3. »Ich möchte dich live erleben.« Wenn du ein Event für Kunden, Mitarbeiter & Co. mit einem Vortrag zu diesem Buch bereichern möchtest, ist das kein Problem. Ich halte Vorträge, die es Menschen ermöglichen, ihre Fähigkeiten im Beruf noch besser einzusetzen, und schaffe Raum für Reflexion, damit die Teilnehmer auch zukünftig gute Entscheidungen treffen. Schreibe mir zwecks Themen- und Buchungsanfragen gerne eine E-Mail an info@aaronbrueckner.de.

Schlusswort

Reinhold Messner prägte im Höhenbergsteigen einen neuen Stil und brach heilige Tabus der Kletterwelt: Er stieg ohne Flaschensauerstoff, ohne Infrastruktur einer wochenlangen Expedition und ohne Fixseile und aufwendige Ausrüstung als erster Mensch auf alle Achttausender. 1978 gelang es ihm mit einem Weggefährten, als erste Menschen überhaupt, ohne die Verwendung von zusätzlichem Sauerstoff den höchsten Gipfel der Erde, den Mount Everest mit 8890 Metern, zu erklimmen. Während dieses Aufstieges fasste er einen ungewöhnlichen Entschluss, für den er seine ganze Begeisterung, alle seine Ressourcen und vor allem seine Zeit benötigen würde: eine Solobesteigung des Everest in seinem Stil!

Zwei Jahre später befand sich Messner wieder am Everest.[34] Viele Wochen akklimatisierte er sich im Basislager und wartete auf einen günstigen Zeitpunkt. Das dauerte, denn er hatte sich die Monsunzeit ausgesucht und die Hänge waren in dieser gefährlichen Zeit besonders »lawinenschwanger«. Endlich, nach zwei Monaten Wartezeit, wurde das Wetter besser – der Zeitpunkt, Geschichte zu schreiben, war gekommen.

Um Mitternacht des 18. August begann Messner, ausgerüstet mit einem 20 kg schweren Rucksack, den Aufstieg. Das erste große Hindernis war eine Gletscherspalte. Das war gefährlich, denn eine Kletterregel besagt: Niemals allein über eine Gletscherspalte steigen! Messner wusste das. Messner wusste aber auch, dass es in der Natur einer Solobesteigung liegt, niemanden dabeizuhaben, der einen absichern könnte. Er musste es also wagen. Er suchte sich eine passende, mit Schnee überdeckte Stelle, die nur 1 m breit war, und versuchte auf der anderen Seite Fuß zu fassen. Gerade in dem Moment, als er seinen Pickel einschlagen wollte und sein ganzes Gewicht verlagerte, stürzte er durch die Schneedecke ins Bodenlose.

Er schlug hart auf. Acht Meter tief war er gefallen. Als der Schock überwunden war, stellte er fest, dass er sich nichts gebrochen hatte.

Glück gehabt! Trotzdem saß er wie ein Häufchen Elend in der eisigen Kälte. Zu allem Überfluss war seine Stirnlampe kaputtgegangen. Im Stockdunklen fummelte er mit zittrigen Fingern eine halbe Stunde herum, bis seine Lampe repariert war. Dann realisierte er das Desaster: Durch das Loch in der Schneedecke 8 m über ihm konnte er die Sterne erspähen, und der Lichtschein seiner Lampe zeigte ihm, dass die Gletscherspalte A-förmig verlief. Die Wände waren unten über 2 m voneinander entfernt. Es war also unmöglich, sich mit Armen und Beinen gegen die Wände zu drücken und so mithilfe der Spreiztechnik die Gletscherspalte zu verlassen. Sein Entschluss stand fest: »Wenn ich hier rauskomme, geht es ab nach Hause!«

Messner kämpfte sich die Gletscherspalte entlang und fand nach ca. 80 m tatsächlich einen Ausweg. Mit großem Glück gelangte er plötzlich an die Oberfläche. Er war gerettet! Dann geschah etwas Merkwürdiges: Trotz des festen Entschlusses, abzusteigen, ging er wie von selbst weiter den Berg hinauf. Messner sieht ein, dass das für einen Außenstehenden rational nicht nachzuvollziehen ist – aber er hat eine Erklärung.

Seit seiner Entscheidung im Mai 1978, den Everest allein und in seinem eigenen Stil zu besteigen, waren über zwei Jahre vergangen. Kein Tag verging ohne Vorbereitung; kein Tag, an dem er nicht über das Vorhaben nachgedacht hatte: »Was mache ich, wenn …? Was nehme ich mit? Noch wichtiger: Was nehme ich nicht mit?« Rückblickend sagt er: »Ich bin über 700 Tage jeden Abend mit der Idee eingeschlafen und jeden Morgen aufgewacht. Dadurch ist mir viel Motivation zugeflossen.« Er stellt fest, dass die über 700 Tage lang angesammelte Motivation schlichtweg stärker war als der Entschluss während der Notlage. »Motivation fällt nicht vom Himmel, wir bekommen sie nicht geschenkt und können sie auch nicht kaufen«, betont er. »Motivation entsteht, wenn wir uns mit einer Sache identifizieren und ganz bei dieser Sache bleiben. Wer wirklich große Ziele erreichen möchte, muss es wagen, ganz bei seiner Sache zu sein.«

Am 20. August 1980 erfüllte sich Reinhold Messner seinen Traum und stand als erster Mensch ohne Sauerstoffflasche ganz allein auf dem Gipfel des höchsten Berges der Erde.

Zum Abschluss dieses Buchs ermutige ich dich: Sag Ja zu deinem Leben und mache dich auf zu deiner Solobesteigung auf den Everest! Steh morgens auf und folge deinem roten Faden, geh ins Bett und träume von deiner Vision. Lass dich tagsüber nicht von dem Getöse und Geschwätz des Alltags ablenken und folge der intuitiven Stimme deines Herzens bis zum letzten Schlag. Reflektiere, arbeite an deiner Persönlichkeit und investiere deine Begeisterung, Gestaltungslust und Ressourcen in produktive Lebensinhalte. Nimm Veränderungen, so schmerzhaft sie auch sein mögen, als Wegweiser zu deinem Gipfel wahr – brenne für den herrlichen Ausblick von der Bergspitze!

Ich wünsche dir, dass du, wie Reinhold Messner im Höhenbergsteigen, deinen eigenen Stil im Leben prägst. Ich wünsche dir, dass du wie Benjamin aus Südafrika, der für mich wie ein Bruder war, an deinen Ideen feilst und Pläne schmiedest, bevor es zu spät ist. Heute ist der erste Tag deines restlichen Lebens – und du bist sein CEO!

Danke, dass ich dich auf diesen Seiten begleiten durfte.

#Thank God it's today!

Herzliche Grüße
Dein Aaron

ANHANG

Anmerkungen

1 Für einen Überblick empfiehlt sich Nicolai Andlers Kompendium »Tools für Projektmanagement, Workshops und Consulting« (2015).

2 ZEIT ONLINE (2013), http://www.zeit.de/sport/2013-01/lance-armstrong-winfrey-oprah (abgerufen am 05.06.2017).

3 Bezeichnet den nicht endenden Prozess zur durchgängigen und kontinuierlichen Qualitätskontrolle aller Bereiche einer Organisation, der sich am Kunden orientiert und die Mitarbeiter einbindet.

4 Reinhard Sprenger: Radikal führen, S. 30.

5 Nitin Nohria, Bruce Roberson, William Joyce: Was wirklich funktioniert. In: Harvard Business Manager 10/2003; vgl. http://www.harvardbusinessmanager.de/heft/d-28624624.html (abgerufen am 15.06.2018).

6 Vgl. https://www.azquotes.com/quote/316981; Übers. des Autors.

7 Michael Porter: Wettbewerbsvorteile. Spitzenleistungen erreichen und behaupten, S. 65.

8 Als Ergänzung zum Buch habe ich die Potentialanalyse für dich entwickeln und programmieren lassen, damit du in kurzer Zeit individuelle und sorgfältig aufbereitete Ergebnisse erhältst. Da ich selbst kein Freund von den üblichen »Verkaufstricks« im Internet bin, gibt es diesen Bonus ohne »Haken« (z. B. die Angabe deiner E-Mail-Adresse).

9 Tipp: Wenn du die Potentialanalyse einem deiner Freunde schickst, kannst du deine Ergebnisse vergleichen. Hier geht es nicht um besser oder schlechter, aber es hilft, gemeinsam darüber zu reflektieren, wie die Ergebnisse wohl zustande gekommen sind.

10 Podcast *Big Questions* von Cal Fussman mit Kobe Bryant vom 23. Januar 2018: https://itunes.apple.com/de/podcast/kobe-bryant-storytelling-and-the-awareness-of-fear/id1315791659?i=1000400553096&mt=2 (abgerufen am 12.11.2018).

11 Ebd.

12 Eckart von Hirschhausen: Die Pinguin-Geschichte oder: Wie man sich in seinem Element fühlt: http://www.hirschhausen.com/glueck/die-pinguingeschichte.php (abgerufen am 20.05.2018). Alle wörtlichen Zitate im Zusammenhang mit dieser Geschichte sind dieser Homepage entnommen.

13 Steve Jobs: Connecting the dots: https://www.youtube.com/watch?v=wz0jz38LIg (abgerufen am 20.05.2018).

14 Vgl. https://de.wikipedia.org/wiki/Jim_Collins.

15 Geschichte entnommen aus: Paul Watzlawick: Anleitung zum Unglücklichsein, S. 24.

16 Die Geschichte wird dem italienischen Maler, Bildhauer und Dichter Michelangelo zugeschrieben.

17 Vgl. https://www.youtube.com/watch?v=kBN9jpooZoM (abgerufen am 20.11.2018); Übers. d. Autors.

18 Ebd., ab 11:45.

19 Vgl. https://www.abendblatt.de/vermischtes/article107578390/Die-witzigsten-Pilotensprueche.html (abgerufen am 19.11.2018).

20 Timothy Ferriss: Die 4-Stunden-Woche, S. 75 ff.

21 Zu Gast in meinem Podcast: https://www.aaronbrueckner.de/podcast/20-annika-zeyen-deutschlands-erfolgreichste-rollstuhlbasketballerin/.

22 Viktor E. Frankl: Ärztliche Seelsorge, S. 162.

23 Victor E. Frankl: … trotzdem Ja zum Leben sagen. Ein Psychologe erlebt das Konzentrationslager, S. 111.

24 Alfred Diebold: Kreuzfahrten Nordmeer und Arktis, S. 89 f.

25 Ebd.

26 Geschichte gefunden auf: http://docplayer.org/10080207-Erfolgswissen-ziele-setzen-leicht-gemacht-exklusiver-gratis-download-aus-der-wissens-datenbank-von-reiner-kreutzmann-auf-www-schoenherr.html (abgerufen am 29.11.2018).

27 Vgl. http://www.adweek.com/brand-marketing/remembrance-things-past-31774/ (abgerufen am 15.11.2018).

28 Klaus Klages, Autor und Gebrauchsphilosoph.

29 The Lost Interview: Steve Jobs Tells Us What Really Matters. Interview von Robert X. Cringley mit Steve Jobs aus dem Jahr 1995, in: Forbes vom 17.11.2011, https://www.forbes.com/sites/stevedenning/2011/11/17/the-lost-interview-steve-jobs-tells-us-what-really-matters/ (abgerufen am 06.11.2018).

30 Wenn dich das Thema Lean Management aus beruflichem Blickwin-

kel näher interessiert, empfehle ich dir gerne mein 2017 erschienenes Buch *Lean Management – Praxisbeispiele zur Inspiration und Reflexion*.

31 Alan Watts, https://www.youtube.com/watch?v=byQrdnq7_H0 (abgerufen am 19.11.2018).

32 Zitiert in: Daniel Coyle, Die Talent-Lüge, S. 182.

33 Gäste sind zum Beispiel Dirk Müller, Tijen Onaran, Kilian Kerner, Thomas Bachem, Annika Zeyen, Dr. Konrad Schily, Marcel Remus, Thomas Sattelberger, Dr. Johannes Hartl u.v.m.

34 Die Erzählungen gehen auf einen Vortrag von Reinhold Messner auf dem Unternehmertag 2016 der Investmentfirma Mountain Partners zurück: https://www.youtube.com/watch?v=EH3xNxvajD8&ab_channel=MountainPartners (abgerufen am 03.09.2018).

Dank

Es gibt viele Menschen, die mich begleitet und dieses Buch schließlich ermöglicht haben. Ihnen möchte ich an dieser Stelle von Herzen danken. Ohne meine Eltern dürfte ich das Wunder »Leben« nicht erleben – danke! Ohne meine Freundin Sarah hätte ich keinen Rückenwind – danke, du bist meine Zukunft! Ohne Philipp und unseren Ausflug nach Marrakesch wäre mir nicht klar, wie entscheidend das Wie bei grundlegenden Fragen im Leben ist – danke! Ohne Simon wüsste ich bis heute nicht, wie ich mein Leben in einem Satz zusammenfasse – danke! Ohne Ute Flockenhaus wäre aus einem netten Exposé kein fertiges Buch geworden – danke! Ohne das Team des GABAL-Verlags, vornehmlich Ursula Rosengart, Dr. Sandra Krebs, Andschana Gad und Ulrike Hollmann, würdest du mein Buch nie in den Händen halten – danke!

Alle Tools und Techniken auf einen Blick

Name des Tools	Seite	Wie geht es mir?	Was kann ich?	Wohin will ich?	Was will ich?	Wie komme ich dahin?
5-Why-Methode	208					x
5-W-Problemfragen	207					x
6 Denkhüte	149				x	
6-3-5-Methode	140			x		
8 Verschwendungsarten	214					x
Ansoff-Matrix	130			x		
Argumentewaage	164				x	
BCG-Matrix	55	x				
Blue-Ocean-Strategie	126			x		
Checkliste für Ideen	190					x
Daily Management (Shopfloor-Management)	200					x
Elevator Pitch	225					x
Igel-Prinzip	92		x			
Kräftefeldanalyse	192					x
Lebensradar	121			x		
Mission Statement (3P)	198					x
Nutzwertanalyse	172				x	

Name des Tools	Seite	Wie geht es mir?	Was kann ich?	Wohin will ich?	Was will ich?	Wie komme ich dahin?
Offenes Gespräch	89		x			
Paarvergleich	166				x	
Perspektiven[3]	146				x	
Polaritäten-Tool	169				x	
Potentialanalyse	50	x				
Problem-Ziel-Drehung	122			x		
Problemdiagnose	210					x
Produktlebenszyklus	85		x			
Projektsteckbrief	183					x
SMART	184					x
Stakeholder-Matrix	63	x				
Strategischer »Sehtest« (Sechs Säulen)	33	x				
Tetralemma	157				x	
Think 360	152				x	
Umfrage	104		x			
Vom Ist zum Soll	211					x

Literaturtipps

Andler, Nicolai: Tools für Projektmanagement, Workshops und Consulting. Ein Kompendium der wichtigsten Techniken und Methoden. Publicis, 6., überarb. Auflage 2015.

Collins, Jim: Good to Great. Why Some Companies Make the Leap … And Others Don't. HarperBusiness, 2001.

Coyle, Daniel: Die Talent-Lüge. Warum wir (fast) alles erreichen können. Bastei Lübbe, 2009.

Dahm, Markus H. / Brückner, Aaron D.: Lean Management im Unternehmensalltag. Praxisbeispiele zur Inspiration und Reflexion. Springer Gabler, 2017.

Ferriss, Tim: Die 4-Stunden-Woche. Ullstein, 3. Auflage 2016.

Frankl, Viktor E.: … trotzdem Ja zum Leben sagen. Ein Psychologe erlebt das Konzentrationslager. Kösel, 8. Auflage 2016.

Frankl, Viktor E.: Ärztliche Seelsorge. Deuticke Verlag, 11. Auflage 2005.

Fromm, Erich: Die Kunst des Liebens. Ullstein, 71. Auflage 2014.

Hüther, Gerald: Was wir sind und was wir sein könnten. Fischer, 7. Auflage 2016.

Porter, Michael E.: Wettbewerbsvorteile. Spitzenleistungen erreichen und behaupten. Campus, 7. Auflage 2010.

Robbins, Anthony: Awaken the Giant Within. Simon & Schuster, 1997.

Sinek, Simon: Start with Why. How Great Leaders Inspire Everyone To Take Action. Penguin, 2009.

Sprenger, Reinhard K.: Radikal führen. Campus, 2012.

Watzlawick, Paul: Anleitung zum Unglücklichsein. Piper Taschenbuch, 15. Auflage 2009.

Über den Autor

Dr. Aaron Brückner ist Wirtschaftswissenschaftler, internationales Fotomodell und Berater. Während seines Studiums gründete er seine eigene Beratungsfirma und unterstützte Unternehmer und Manager bei der Entwicklung von Strategien und der Optimierung von administrativen Geschäftsprozessen. Durch die Forschung zu den Wachstumsmustern von Familienunternehmen wurde ihm bewusst, dass hinter jedem Prozess immer ein Mensch steht, und er begann die Erfolgsrezepte aus der Wirtschaft auf das private Leben zu über-  tragen. Seither hat er es sich zur Aufgabe gemacht, Unternehmen dabei zu helfen, dass ihre Mitarbeiter gerne zur Arbeit gehen. In seinen Workshops, Vorträgen und seinem Podcast zu den Erfolgsmustern von Andersmachern gelingt ihm der Spagat aus scharfem Intellekt und motivierendem Lebensdesign.

Aaron Brückner GmbH
Hans-Böckler-Str. 32
40476 Düsseldorf

info@aaronbrueckner.de
www.aaronbrueckner.de
Instagram: @aaron_brueckner
LinkedIn: Dr. Aaron Brückner

Podcast in iTunes und auf Spotify: Auch Models können Doktor sein –
Erfolgsmuster von Andersmachern

Bei uns treffen Sie Entscheider, Macher ... Persönlichkeiten, die nach vorne wollen

Seit 40 Jahren bildet der GABAL e.V. ein Netzwerk für Menschen, die sich mit Persönlichkeitsentwicklung, Weiterbildung und Führungskompetenz befassen.

„Austausch, Praxisnähe, Inspiration und Professionalität – dafür ist GABAL e.V. mit seinen Angeboten ein Garant."
(Anna Nguyen, Lecturer Universität zu Köln)

Drei gute Gründe, warum sich rund 800 Mitglieder für GABAL entschieden haben und warum auch Sie dabei sein sollten:

1. Neue Impulse, Ideen und Strategien auf regionalen und nationalen Veranstaltungen mit White Papers, Webinaren, Newsletter und Printmagazinen.

2. Sie treffen sowohl Trainer, Berater und Coaches als auch Führungskräfte und Entscheider.

3. Sie erhalten viele wertvolle Vorteile, wie das Fachmagazin wirtschaft+weiterbildung, jährlich einen Buchgutschein im Wert von 40 € und vieles mehr ...

GABAL e.V.
Budenheimer Weg 67
D-55262 Heidesheim
Fon: 0 61 32 / 509 50 90
info@gabal.de

Neugierig geworden?
Besuchen Sie uns auf
www.gabal.de